¿De verdad quieres ser CEO?
Liderazgo audaz

IÑAKI ORTEGA

¿De verdad quieres ser CEO? Liderazgo audaz

Tiempos para jugarse el pellejo en la alta dirección

℘

ALMUZARA

Editorial Almuzara • Manuales de Economía y Empresa
Edición al cuidado de María Crespo
Maquetación: Ostraca Servicios editoriales
© Imagen de la cubierta: Cuadratín Estudio (www.cuadratin.es)

www.editorialalmuzara.com
pedidos@almuzaralibros.com - info@almuzaralibros.com

Editorial Almuzara
Parque Logístico de Córdoba. Ctra. Palma del Río, km 4
C/8, Nave L2, n° 3. 14005 - Córdoba

Imprime: Gráficas La Paz
ISBN: 979-13-70203-05-4
Depósito legal: CO-449-2026
Hecho e impreso en España - *Made and printed in Spain*

A mi mujer, Macarena, y a mis hijos

A Lucía, por estar siempre

«Audacia, más audacia, siempre audacia»
Georges Jacques Danton

ÍNDICE

PRÓLOGO.
¿DE VERDAD QUIERES SER CEO?

Hay profesiones que triunfan de la noche a la mañana: los *yuppies* en los ochenta, los blogueros con el cambio de siglo o los *influencers* en la década pasada. Antes, los ingenieros o los médicos eran la opción preferida para cualquier suegro. Como el ancho del pantalón que se pone de moda y nadie sabe por qué. De repente, hay que llevar pitillos cuando antes usábamos pata de campana. El problema viene cuando todo quisque quiere seguir esa tendencia. A muchos no les favorece embutirse en unos tejanos dos tallas más pequeños o ir por la vida disfrazado de cantante de los Bee Gees. Pero como se pone de moda, todos nos empeñamos. Caiga quien caiga.

Algo así ha sucedido con ser CEO. Ahora el planeta entero es CEO o quiere serlo. Por supuesto que están los CEO de las grandes empresas (hasta hace poco les llamábamos consejeros delegados), pero es que también son muchos los que se definen como CEO de una pyme, aunque en ocasiones sea tan pequeña que pueda tildarse de autoempleo. También aquellos que te contactan como CEO de compañías que ni siquiera se han creado y son solo un proyecto de empresa pintado en una atractiva presentación para levantar fondos o empezar a vender una idea.

Quizás la razón es que el término CEO es una sigla fácil de recordar o tal vez porque las empresas más grandes del planeta son americanas y allí se usa mucho. Seguro que ha influido que los CEO más conocidos tienen sueldos con muchos ceros. Da igual, la realidad es que todo el mundo quiere tener el cargo de CEO en la firma. Muchas veces, como con la ropa, tal cargo no te sienta bien, te queda grande, te tira de la sisa o simplemente no pega ni con cola con lo que realmente haces. Es decir, que haces el ridículo repartiendo tarjetas de visita con el rimbombante CEO impreso. Esa moda no te va y se nota.

Lo cierto y verdad es que no se puede luchar contra las tendencias cuando están tan arraigadas como esta. Se ha consolidado lo de CEO y no me voy a empeñar en que se vuelva a términos de antaño más apropiados como, por ejemplo, director general, gerente, encargado o simplemente jefe, cuando no presidente. Tampoco pretendo desterrar vocaciones empresariales basadas seguramente en que se ha idealizado la figura del CEO.

Lo que sí quiero con este libro es que se sepa de verdad qué supone ser CEO en los tiempos que nos ha tocado vivir. Eso sí es importante, más allá del debate terminológico. Explicar bien el alto rendimiento que ahora supone ser el primer ejecutivo de una compañía, para que nadie se lleve a engaño. A partir de ahí, si aun así quieres seguir la moda y plantearte lo de CEO como objetivo vital, adelante. Pero estarás avisado.

El CEO es literalmente el que tiene la última responsabilidad en una empresa. Son las siglas de la expresión anglosajona *chief executive officer*, es decir, la persona más comprometida con la empresa. Porque tiene que conseguir los objetivos de ventas, la satisfacción del cliente, el ahorro de costes o la financiación, por citar solo algunos de los cientos de indicadores de los que ha de responder un CEO. Nunca fue fácil ser el primer directivo de una empresa, la diferencia es que hasta hace poco los CEO rendían cuentas a los dueños de la empresa y ahora han de convencer a los clientes y a los proveedores, a los empleados y a los inversores, a los sindicatos y a los políticos y, por supuesto, a cualquiera que no esté en estos grupos, pero pueda opinar en una red social.

Es así. Si todo el mundo quiere ser CEO, todo el mundo puede escrutar al CEO. Por el mero hecho de tener ese cargo, los ciudadanos van a exigirte más que a nadie: trabajar de sol a sol, ser el mayor experto de la industria en la que operes, simpático y asertivo todos los días de tu vida, tener la honestidad por bandera, jamás dudar y disfrutar de una inteligencia por encima de la media, además de conocer la geopolítica como un diplomático y dominar los mercados de valores del planeta. Es lo mínimo que se te pedirá. Y, aun así, una catástrofe climática puede acabar con tu empresa y tendrás que apechugar; cuando no una fatalidad imprevisible que te deje sin poder funcionar el tiempo suficiente para no poder levantar ya cabeza. Tú tendrás, si no la culpa, la obligación de rendir cuentas y gestionar el desastre.

Claro que hay CEO que les va bien y disfrutan de remuneraciones estratosféricas. Son los menos. O, si se prefiere, la excepción que obnubila. E incluso en ese pequeño grupo de primeros espadas de grandes empresas con nóminas millonarias, la profesión de CEO se ha vuelto más dura que nunca. La duración media en dicha posición se ha reducido radicalmente hasta convertirse en una silla caliente. Cinco años es el tiempo que se aguanta de CEO cuando antes eran décadas, y los despidos tras unos meses en ese puesto han aumentado exponencialmente... mientras que antaño te jubilabas como consejero delegado. Agotamiento psicológico, presión de los inversores por resultados insuficientes, obsolescencia ante las disrupciones tecnológicas, cotizaciones bursátiles planas o simplemente una cámara que te graba en un concierto bailando con quien no debías son situaciones que provocan un cese en el puesto. Estás avisado.

Durante los últimos diez años he tenido el privilegio de conocer a los CEO de las principales empresas españolas y compartir con muchos de ellos espacios académicos en las universidades en las que he impartido mi docencia. Al mismo tiempo, he trabajado mano a mano con algunos de esos CEO en situaciones críticas de sus compañías —momentos de la verdad— que me han permitido entender la exigencia del puesto.

Toda la vida fue difícil el trabajo del máximo directivo empresarial. Liderar una compañía nunca fue fácil, pero en los últimos años he podido ver y escuchar de ellos mismos cómo los requerimientos para ser CEO han ido cambiando a la vez que se reducía la permanencia en dicha posición. No son meras opiniones, sino que están basadas en datos que lo demuestran. Cada vez más CEO cesan, cada vez es más improbable volver a ser CEO tras una salida y cada vez el título de

CEO supone una mayor espada de Damocles: ha subido hasta un 80 % el porcentaje de directivos que no sobrepasan los 30 meses de mandato. Y esto último es literal, si no recuérdese el asesinato en Nueva York del CEO de United Healthcare en diciembre de 2024 o los suicidios de otros conocidos directivos de empresas, o cómo el todopoderoso primer ejecutivo de Renault acabó con sus huesos en la cárcel. Nassim Taleb explicó en su libro *Jugarse la piel* que, para tener voz en las decisiones, has de pagar parte del precio si algo sale mal. Así están los CEO ahora mismo: jugándose el pellejo. Pasó a la historia la sensación de impunidad que muchos de ellos tenían, basada precisamente en que eran desconocidos. Es el fin del poder que pronosticó Moisés Naím; ya nadie puede permanecer debajo del radar y, por tanto, todos podemos ser juzgados por una opinión pública que se ha empoderado.

Tres son los sucesos que explican todo lo anterior. En primer lugar, la crisis económica de 2008 acabó con la confianza de los ciudadanos en las instituciones. El estado del bienestar no funcionó y se revolvieron contra los incumbentes. Esos que mandaban y representaban las instituciones se convirtieron en objeto de la crítica, cuando no ira, por parte de los damnificados de la crisis. Comenzó una irreverencia que se mantiene en nuestros días, una pérdida de respeto al poder que hizo que apareciesen nuevos partidos políticos y nuevos líderes sociales que desafiaban lo establecido. También un nuevo estilo de dirigir con una nueva hornada de CEO. Una buena parte de la población perdió la confianza en el sistema y, a pesar de los años que han pasado, se mantiene esa desconfianza con los que mandan, en especial si son los de siempre: empresas o administraciones. Irreverencia es la palabra que resume la gran crisis financiera de este siglo y que padecen los CEO en su día a día.

En segundo lugar, la pandemia de 2020 cambió las prioridades de la gente. La posibilidad de morir por la covid-19 llevó a valorar el momento presente frente a la inversión en el futuro. El *carpe diem* volvió a estar de moda y el ocio se puso al nivel del trabajo. Disfrutar del aire libre y de viajar se han convertido en la opción primera frente a las exigencias del trabajo. La rotación en los puestos de trabajo, la ausencia de conexión con los empleadores y el auge del absentismo son la consecuencia. Sin olvidar un hecho sustancial: la pandemia exigió un esfuerzo público sin precedentes. Hubo de activarse un escudo social para proteger empleos y empresas sin actividad, a la vez que la sanidad pública sufrió la falta de suministros. El sector público reaccionó e implementó una pléyade de actuaciones para salvar la economía y los servicios públicos, una intervención pública inédita. Pero una vez superada la alarma sanitaria, esta oleada de normas e impuestos no ha retrocedido como la marea, sino que se ha quedado como agua estancada. La realidad hoy es que lo público pesa más que nunca en la economía e impregna, con la ideología del que manda, todo el desenvolvimiento empresarial y de sus dirigentes. Intervención es el concepto que triunfó tras la epidemia global y con el que los CEO han de convivir.

Y en tercer y último lugar, la inteligencia artificial (IA) y el momento que estamos viviendo. La madurez de la IA está mutando radicalmente nuestra forma de comportarnos sin darnos cuenta. Ya nos informamos por la IA, tomamos decisiones sobre nuestras compras, educación o salud en aplicaciones de inteligencia artificial generativa. La confianza es ciega en la IA hasta el extremo de considerar sus respuestas a nuestras preguntas más fiables que las de funcionarios o reputados expertos. Por supuesto, lo que transmiten las empresas y sus directivos ha de pasar el filtro de la IA si quieren que sus mensajes lleguen a sus destinatarios y, para ello, hay que entender cómo funciona. Durante décadas, las empresas han tratado de conquistar la mente. Entender cómo funcionaba el comportamiento de las personas era la clave para poder venderles bienes y servicios. Hoy, sin embargo, ya no basta con seducir al ser humano. Todo lo anterior ha quedado anticuado y ha aparecido una segunda cabeza sobre la que impactar, solo que esta vez ya no es la de una persona. Y ahí reside el cambio de paradigma: las máquinas no sienten. No se conmueven ante una publicidad o un eslogan llamativo. Hay que hablar a las máquinas en su idioma, ese traductor invisible que filtra nuestro mensaje antes de que llegue al receptor. Hoy, en la era de la IA, los CEO y sus empresas tendrán que aprender a apelar a las emociones de los consumidores y a los datos de las máquinas que posicionarán sus bienes y servicios.

Así estamos. De hecho, por todo lo anterior, la lista de especificaciones a cumplir por los candidatos a CEO ha crecido tanto que ya no se encuentran aspirantes que sepan de nuevas audiencias, de lo público y también de algoritmos, a la vez que sean empáticos y resilientes. Las empresas están habilitando planes de contingencia como recurrir a profesionales de la casa, unificar cargos, direcciones colegiadas, CEO interinos y hasta dejar desierta la posición.

Pero aun así, muchos CEO siguen en sus puestos. En las próximas páginas intentaré explicar el ingrediente fundamental de los CEO exitosos del momento. Lo haré apoyándome en los artículos que he ido escribiendo en los últimos meses en la prensa española sobre este particular y en las entrevistas realizadas a esos CEO en espacios y pódcasts de divulgación. El denominador común es el concepto de liderazgo audaz. El rasgo que les blasona es el atrevimiento para tomar decisiones sabiendo que se la están jugando.

Audaz porque hay dos opciones para afrontar lo que viene: o esconderse o plantarle cara. No es sencillo porque no sabemos exactamente qué es lo que está por llegar. Intuimos que tiene que ver con la tecnología y la polarización. Prevemos que perderemos nuestro empleo, que nuestra empresa va a sufrir y que de poco servirá nuestra formación o el legado recibido. Sentimos que la polarización y sus mejores amigas —las noticias falsas y la censura— han acampado en nuestro entorno. Pero hay una certeza: no hacer nada te lleva al abismo. Procrastinación es una palabra que viene del latín *procrastinare* (*pro*, 'adelante', y *crastinus*, 'referente al futuro') y se utiliza para catalogar esas situaciones en las que se posterga una acción, algo que se puede convertir en un hábito. Retrasar actividades que deben atenderse, sustituyéndolas por otras situaciones más irrelevantes o agradables, puede llevar al extremo de rozar la psicopatología. Actuar es lo contrario y es lo que toca, aunque exige un alto grado de audacia porque nada de lo que vendrá está escrito. Audaz porque la osadía está detrás de los grandes logros empresariales. En este momento, la «parálisis por el análisis» conduce a las compañías al abismo. El atrevimiento en la gestión empresarial supone explorar nuevos mercados, reinventar las compañías, desaprender lo aprendido durante años porque todo es diferente. Exactamente igual que en otras épocas de la historia, como la Revolución Industrial o la llegada de la digitalización, aquellos que decidieron hacer las cosas de siempre y no ser audaces fueron enterrados por la máquina de vapor o por internet. Ahora esa valentía pasa por explorar nuevas rutas sin temor a perderse en lo que viene.

Audaz porque los cambios sociales que han acontecido y acabo de explicar inhabilitan a los que dirigen aún las compañías como si nada hubiera pasado. Los públicos a los que se deben los CEO no lo van a permitir. Los clientes ya están en otros sitios, los proveedores lo padecen y los inversores por defecto piensan en el futuro, por no hablar de la opinión pública. Esa osadía es el rasgo de un nuevo liderazgo en una época en que casi todo ha pasado a ser épico: desde la política a las decisiones de compra. Audacia con la que no se puede comerciar; es lo contrario a ese liderazgo transaccional que cambiaba sudor por sueldo. La valentía no tiene precio, no hay salario que la propicie o la pague; tampoco un bonus o una escuela de negocios que la haga posible. Es una característica consustancial al liderazgo transformacional. Solamente los CEO transformarán compañías y seguidores si son capaces de liderar con audacia los tiempos revueltos que ya han llegado. Aunque arriesgues el pellejo, será la única manera de ser CEO.

Este libro aspira, por tanto, a egresar nuevos liderazgos audaces en las empresas. Cuando todo el universo se la está jugando, los CEO no pueden ser la excepción. O se sientan en la mesa o serán parte del menú, como ha recordado el primer ministro canadiense Mark Carney para la geopolítica. También aplica al liderazgo empresarial, porque si no estás dispuesto a jugar la partida, y por tanto rechazas sentarte en la mesa, serás las cartas con las que jugarán otros. Jugador o mercancía. El liderazgo audaz exige jugar con los naipes que tengas; el viejo liderazgo era simplemente esperar a que te repartieran buenas cartas, a que otros tomaran las decisiones por ti. Pero para afrontar estos tiempos, me he atrevido a sugerir cinco ingredientes indispensables. Los CEO no solo tendrán que ser audaces, sino asumir altas cargas de esfuerzo y humildad sin perder la racionalidad. El último elemento de esta receta será la capacidad de comunicar a todos los públicos.

Estas cinco herramientas —audacia, esfuerzo, humildad, racionalidad y comunicación— guiarán el desarrollo de esta suerte de manual para los que quieran ser CEO en la era de la IA. Cada una de estas palancas para el éxito directivo será explicada con breves reflexiones basadas en artículos que he publicado últimamente en los periódicos.

Aun así, es inevitable encontrarse con alguien que achaca al enchufismo o incluso al nepotismo no haber llegado a ser CEO, o la razón por la que su jefe lo es y él no. A mí me gustaría hablar de lo contrario. Sí, porque por mucho que algunos coloquen a sus familiares en empresas públicas, yo conozco otra forma de hacer las cosas. Aunque los amigos más íntimos o el entorno del poderoso de turno pretendan ocupar puestos de alta dirección saltándose los principios sagrados de igualdad, mérito y capacidad, lo que he visto en mi relación con las empresas durante las dos últimas décadas no ha sido así.

Tengo la suerte, por mi trabajo, de tratar con los primeros ejecutivos de muchas compañías. Hombres y mujeres que dirigen empresas que facturan cientos de millones y dan empleo a miles de familias. Venden seguros, hipotecas o energía, pero también ropa o comida. Otros hacen feliz a la gente organizando viajes o transportándoles a ellos o sus enseres. Y luego están los que les ayudan con su salud o con sus cuitas legales. Y muchos más que no me olvido. Viven de sus clientes y atienden a sus patrones, en ocasiones inversores o familias empresarias. Lideran equipos que han creado ellos, o han heredado, con la responsabilidad de cumplir objetivos.

Pues bien, todos esos CEO con los que trato comparten características que deberían ser conocidas ahora que el desprestigio en el acceso a un puesto de alta responsabilidad es tema de conversación. Todos son personas de alto rendimiento, como un deportista de competición. Están preparados —una gran mayoría ha estudiado carreras universitarias de alta exigencia—, pero han seguido actualizándose con cursos de especialización que, voluntariamente y con sacrificio de su vida personal, han querido realizar.

Al mismo tiempo, todos ellos han tenido que hacer la maleta para trabajar fuera de su ciudad y país de origen. Han pasado por diferentes desempeños y funciones para, de alguna manera, ser examinados antes de alcanzar sus puestos actuales. Y ninguno, a pesar de disfrutar de posiciones empresariales que podríamos considerar de éxito, se ha acomodado y todos tienen la ambición de mejorar como si fuese el primer día en el trabajo. Muchos de ellos han tenido contratiempos, como ceses o malos resultados, y no se han rendido por ello.

Están en su responsabilidad de CEO porque se lo merecen y no porque nadie les haya regalado nada. Son conscientes de que viven en un entorno de máxima exigencia y se preparan para ello mental y físicamente; como también saben que su posición no será para toda la vida y que vendrán otros tiempos y trabajos. Tienen la humildad de escuchar consejos cuando son ellos los que habitualmente los dan y aceptan de buena gana las recomendaciones siempre que sean expertas. Buscan los mejores equipos y fichan talento, nunca amigos.

Esta glosa de los atributos y méritos de las personas que mandan en las principales empresas españolas no pretende regalar oídos a nadie —esos CEO saben bien blindarse ante los halagos—, sino que es un mensaje para los jóvenes que están entrando en el mercado laboral o lo harán pronto, también para los que acaban de empezar en una empresa y viendo las noticias piensen que todos los jefes son como esos políticos corruptos. No es así. Un país como España se sostiene por sus empresas y por líderes que las dirigen, en las antípodas de esa forma de ser tan despreciable. CEO capacitados y audaces que se ganan cada día su posición con alta exigencia y con no pocas renuncias personales.

No tengo claro que después de leer este libro sigas queriendo ser CEO, pero no tengo duda de que valorarás más a los CEO.

CAPÍTULO 1.
AUDACIA

audacia

Del lat. *audacia.*

f. Osadía, atrevimiento.

SIN.: valentía, intrepidez, osadía, atrevimiento, coraje, arrojo, arrestos, resolución, valor, bizarría, brío, temeridad.

insolencia, descaro, desvergüenza, atrevimiento, descoco, desfachatez, tupé.

ANT.: indecisión, cobardía.

LOS MOMENTOS DE LA VERDAD

Las empresas se van a enfrentar a muchos momentos de la verdad. Los territorios —con sus gobiernos, y me temo que también cualquier profesional— han de asumir que tendrán momentos complejos que gestionar.

El término «momentos de la verdad» no es nuevo; de hecho, se acuñó el siglo pasado por un directivo sueco, Jan Carlzon, en un libro homónimo que publicó allá por los años ochenta. Siendo CEO en el peor momento de la compañía aérea sueca de bandera SAS, se empeñó, para rescatar a la empresa, en que su equipo gestionase con éxito diferentes interacciones con los clientes. Previamente las había identificado como críticas para, al impactar sobre ellas, ganar una mayor calidad del servicio. El resultado de esta estrategia trajo a su empresa la salvación de la crisis financiera y llevó a Carlzon a compartir su particular método en un manual superventas, imprescindible durante décadas en las escuelas de negocios.

Desde entonces se habla de que los directivos encuentran a lo largo de su carrera momentos de la verdad en los que se la juegan. Un cambio de accionistas, una nueva propuesta de valor disruptiva frente a lo que siempre se ha hecho, mercados o productos ignotos llenos de oportunidad y riesgos; o también una entrevista en un medio de comunicación masivo y hasta una intervención incómoda en un consejo de administración, por no hablar de relevos en los equipos más cercanos o evaluaciones del *top management*. Prepararse para esos momentos de la verdad exige habilidades blandas que no se adquieren en la educación formal y muchas veces tampoco en años de posiciones de alto rendimiento. Lo hemos visto con el fracaso de operaciones financieras, en casos de corrupción en compañías de éxito y con los fichajes fallidos de primeros ejecutivos en grandes empresas.

Nassim Taleb, el filósofo libanés autor del libro *Cisnes negros*, conocido por idear conceptos que adelantan tendencias, también ha querido participar de alguna manera en este debate. El mismo que habló de «antifragilidad» para describir la cualidad de esas empresas que se hacen fuertes ante la adversidad ha titulado su penúltimo texto *Jugarse la piel*. La tesis del libro es una apuesta por la responsabilidad individual de los profesionales, y Taleb la resume en que solo se puede confiar en aquellos expertos que toman decisiones que les afectan personalmente, al mismo tiempo que critica a aquellos directivos que aconsejan sin riesgo alguno; la verdadera moralidad del ejecutivo es tener «algo en juego».

Por eso, en estos tiempos muchas empresas y primeros directivos se la van a jugar y han de estar preparados para ello. En todas las empresas intensivas en personas, la implantación de la inteligencia artificial provocará la desaparición de muchos puestos de trabajo. Las grandes tecnológicas ya se han adelantado, con cientos de miles de despidos; a las empresas de consultoría, servicios profesionales o banca de inversión les tocará en breve. Sus CEO habrán de gestionar este momento de la verdad sabiendo que se la juegan.

¿Qué decir de las empresas del sector salud, de la vivienda o del turismo? En cualquier año electoral, la tentación de regulaciones populistas estará encima de la mesa. Los primeros ejecutivos de compañías farmacéuticas, hospitales o seguros privados de salud tendrán que lidiar con eventuales leyes que impactarán en su cuenta de resultados y planes estratégicos, lo que exigirá una respuesta inteligente. Tampoco se librarán los fondos de inversión, empresas de construcción, promotoras o proveedores del sector de la vivienda, que verán cómo las demandas de una vivienda más asequible podrán convertirse en un lastre —promovido desde lo público— para sus respectivos modelos de negocio; un desafío que será inevitable afrontar desde la alta dirección.

Y en el sector del turismo, hoteleros, empresas de viajes y compañías de transporte sufrirán con decisiones de la Administración pública para congraciarse con los ciudadanos ante el auge de la turismofobia, al mismo tiempo que presionarán para alcanzar los cien millones de turistas… Tampoco será fácil ser CEO en este sector.

Y cualquier empresa, de la industria que sea, verá que de la noche a la mañana sus accionistas cambiarán. Familias propietarias que se desprenderán de sus títulos, fondos que venderán a otros fondos, sociedades estatales adquiriendo compañías para evitar su deslocalización, OPA no esperadas… o, lisa y llanamente, que el cansancio, cuando no la tentación de un cheque relleno de inauditos múltiplos de EBITDA, llevará a vender la empresa. Y los CEO tendrán que construir una nueva relación con el nuevo propietario jugándosela de nuevo.

Muchas ciudades y países, y por tanto sus gobernantes, también han de afrontar momentos de la verdad. Más allá de las ya mencionadas citas electorales, que exigirán a los políticos dar un paso adelante, o muchas veces hacia atrás, para enfrentarse al veredicto de las urnas con garantías. Pero antes, muchas ciudades y comunidades autónomas tendrán que estar a la altura de los momentos de la verdad que les exigen sus administrados. Los megaconciertos en Madrid, los cruceros y los sintecho en Barcelona, las obras en todas las grandes urbes españolas, pero también las inversiones prometidas que no acaban de llegar o las infraestructuras que se retrasan, serán solo algunos ejemplos de momentos de la verdad a los que se enfrentarán los primeros espadas de casi todos los gobiernos.

Solo aquellos que, como preconiza Taleb, sepan jugarse la piel superarán con éxito las duras pruebas del nuevo liderazgo audaz. Queda únicamente prepararse para ello, seas CEO, directivo del Ibex, concejal o un profesional cualquiera. Carlzon, tras estudiar bien el comportamiento de sus clientes, identificó hasta quince momentos de la verdad donde actuar para mejorar y, de paso, salvarse. Eso se necesita ahora que aún estamos a tiempo: tener la audacia para averiguar en qué falla tu empresa o tú mismo. Será lo primero para superar los momentos de la verdad que están por venir para cualquier líder.

EL ELEFANTE EN LA HABITACIÓN

Desde que el ser humano se sentaba alrededor del fuego en una cueva, las historias y los cuentos le han acompañado como las herramientas más potentes para trasladar conceptos complejos. Mucho antes de la imprenta, la radio, la televisión o las redes sociales, y encima han sobrevivido a todas ellas. Prueba a contar una historia y verás cómo se recuerda frente a cualquier presentación corporativa o hasta personal, que se olvida inmediatamente o, peor aún, siquiera se le presta atención. En cambio, las historias son poderosas. Los anglosajones, tan dados a inventar conceptos sintetizados en una única palabra, lo han llamado *storytelling* y es la herramienta que cualquier CEO ha de dominar. Pero no basta con contar una historia cualquiera; de lo contrario, acabarás siendo un cuentista en su peor acepción del diccionario. Hay que atreverse a contar lo que verdaderamente importa, ser valiente para prepararse ante las verdades incómodas. Es aquí donde aparece el liderazgo audaz que titula este libro.

Miles de años después de que se acuñaran, algunas historias siguen siendo igual de útiles para explicar lo que preferimos ignorar o lo que nadie se atreve a decir. Entre esos cuentos que atraviesan culturas y siglos está el del elefante en la habitación, un paquidermo que todos ven y nadie tiene arrestos de reconocer.

Al parecer, su origen está en la India antigua, cinco siglos antes de Cristo. En un cuento budista, varios hombres ciegos tocan distintas partes de un elefante y cada uno describe una realidad distinta: una serpiente (por la forma de la trompa), una columna (por la fortaleza de las patas), un abanico (por las grandes orejas) o una lanza (por el puntiagudo colmillo). Ninguno miente, pero tampoco acierta. La enseñanza del cuento es que la verdad puede estar delante de nosotros y aun así no verla completa. Esa imagen viajó durante siglos desde Asia a Rusia, y de ahí al Reino Unido, documentándose en sus respectivas literaturas hasta transformarse gracias a un periódico de Nueva York en la expresión que hoy todos conocemos: «el elefante en la habitación». Con ella se describe una verdad evidente, incómoda o problemática que todos ven, pero nadie quiere mencionar. Su fuerza está en la imagen: algo tan grande como un elefante sería imposible de ignorar salvo que uno prefiera hacerlo deliberadamente.

En el mundo corporativo, los elefantes suelen ser problemas estratégicos, tensiones internas, decisiones aplazadas o riesgos reputacionales que se esconden bajo la alfombra esperando que desaparezcan solos. Nunca lo hacen. Un CEO que no afronta sus elefantes está condenado a tropezar con ellos en el peor momento. Llegará un consejo de administración, una entrevista con un medio de comunicación o una crisis y, por no haber reconocido a tiempo ese elefante, no sabrá qué decir y lesionará su futuro como primer ejecutivo. En todos los despachos de los consejeros delegados debería haber una pizarra con los elefantes de la empresa y los argumentos para contrarrestarlos. La audacia de reconocerlos será premiada cuando lleguen los malos tiempos, que llegarán, porque nadie puede esconder un elefante, y menos en estos tiempos.

Hay más historias, que también superan varios siglos, que redundan en el mismo concepto, lo que demuestra que desde siempre el hombre ha estado preocupado por la necesidad de la audacia y de atreverse a decir la verdad. El genial autor danés Hans Christian Andersen escribió en 1837 un cuento titulado *El traje nuevo del emperador*. Un presumido monarca, buscando siempre los mejores tejidos para sus vestidos, es engañado por unos comerciantes que le ofrecen una tela tan ligera y delicada que solo las mentes más sofisticadas pueden verla. En realidad, le cobran un dineral por nada, ya que le hacen creer que el tejido es invisible a ojos necios y, en realidad, no hay tela alguna. Un día desfila convencido de llevar un traje magnífico, cuando en realidad va desnudo, mientras todos callan por miedo a pasar por gañanes al no apreciar el delicado material. Hasta que un niño dice lo obvio, «el rey va desnudo», y toda la muchedumbre comienza a reír. Una recordable imagen del peligro de dejarse llevar por lo que el pueblo piensa y por la cobardía de no reconocer un problema que es obvio. La audacia del niño es una potente metáfora de cómo el CEO en una empresa no puede abandonar la ingenuidad del primer día para acabar convirtiéndose en el rey del cuento, cegado por el ego y la soberbia del poder corporativo. Al mismo tiempo, emplaza al primer ejecutivo de la compañía a contar con equipos honestos que no teman decirle que está desnudo por miedo a echar por tierra sus carreras.

Estas historias, tan distintas en origen y época, comparten una misma enseñanza: la verdad permanece, aunque nadie quiera verla. Y en un mundo donde la comunicación es tan estratégica como las finanzas, los líderes no pueden permitirse ignorarla. Un CEO que quiera ejercer un liderazgo audaz debe conocer sus elefantes —los propios y los de su empresa— antes de que lo hagan los periodistas, los reguladores o los mercados. Debe anticipar las preguntas incómodas, no temerlas. Debe escuchar y agradecer a quien se atreve a señalar las evidencias, incluso cuando duelan.

Porque las organizaciones no tropiezan por la coyuntura, sino por no encarar la verdad de cada momento. Y la verdad, como los elefantes, ocupa mucho espacio. Solo los líderes audaces se atreven a nombrarla como primer paso para afrontarla.

PIVOTAR

Al que le guste el baloncesto lo entenderá a la primera, pero escribo estas primeras líneas para el resto. Pivotar es cuando un jugador con la pelota en la mano deja un pie quieto y mueve la otra pierna, hacia un lado u otro, para así buscar a un compañero que esté libre y darle un pase para que enceste. Es una técnica básica de este deporte de equipo y, al mismo tiempo, una metáfora muy poderosa para la vida.

Las carreras profesionales individualistas en las que se busca siempre avanzar dejando por el camino empresas, compañeros e incluso clientes no funcionan. Quizás en el corto plazo suponen algún éxito porque no atarte a nada o no tener escrúpulos te hace ir más rápido, pero más pronto que tarde te parará uno como tú. Por eso, en el baloncesto, más que correr hacia la canasta hay que pasar el balón a otro compañero. Y cuando este ya no puede avanzar más, en ese momento, empieza a pivotar. Ancla un pie y el otro lo deja libre para cambiar de orientación en la marcha y así despistar a sus rivales.

La vida en una empresa exige colaboración, trabajo en equipo; la suma siempre es mayor que las partes por separado, aunque las matemáticas —y el ego— nos hagan pensar otra cosa. Como en el deporte, en ocasiones ya no te puede ayudar nadie y tienes que tomar una decisión audaz. Pivotar siempre es una opción buena en el baloncesto, pero también en el trabajo. Seguir siendo coherente con tus valores, con tus raíces, con tus estudios; no mudar tus principios por mucho que veas que no hay salida. Anclar tu pie, por tanto, no supone quedarte quieto, bloqueado, esperando que alguien resuelva tu parón profesional. No, de eso nada. Porque, por suerte, se inventó el pivotar. Es entonces cuando decides mirar hacia otro sector e incluso a otra ciudad o país. Y ahí no habrá nadie que te impida ir y el triunfo estará más cerca. Cambiar de dirección, para hacer las cosas de otra manera, es la clave del éxito, como recordaba Einstein: «Si quieres diferentes resultados, prueba a no hacer siempre lo mismo». La audacia suele funcionar, eso sí, siempre que cambiar no te obligue a renunciar a tu moral o suponga atajos tramposos.

Lo que estoy contando vale para las personas, para las empresas y hasta para los países y la política. Las empresas no pueden pretender que una nueva estrategia de negocio sea contradictoria a la cultura que le da sentido a la compañía: las acciones no pueden ir en contra de la personalidad. Empresas que traicionan su cultura por ganar más dinero acaban cerrando. Exactamente igual que los países que por congraciarse con el poderoso de turno o buscar el aplauso fácil abdican de su historia.

El reglamento en el baloncesto es taxativo: si no pivotas y mueves los dos pies con la pelota en la mano, te pitan falta. Qué pena que no exista una norma de obligado cumplimiento exactamente igual en la vida: avanzar siempre sin renunciar ni traicionar a tu pasado.

EL LIDERAZGO EN LA ERA DE LO PÚBLICO

En la Casa Blanca fueron convocados los CEO de las principales empresas petroleras con intereses en Venezuela. Apenas unos días después de la detención de Nicolás Maduro y su puesta a disposición de la justicia americana, el presidente estadounidense quería trasladar a las compañías sus planes para el petróleo venezolano y, de paso, conseguir compromisos de inversión para modernizar las obsoletas infraestructuras. En la mesa de la *East Room*, justo en el extremo contrario del despacho oval, estaban sentados 17 directivos de la energía, la gran mayoría americanos y un solo español: Josu Jon Imaz, CEO de Repsol. Uno a uno fueron interviniendo hasta que llegó el turno del de Zumárraga, que con solvencia trasladó la potente presencia de su compañía en Estados Unidos para, a renglón seguido, comprometer millonarias inversiones en Venezuela además de recordar ante el mismísimo Trump las deudas del régimen bolivariano con su empresa.

La audacia y al mismo tiempo templanza de este ejecutivo español en la reunión más importante —sin duda— de su carrera nos recuerda la necesidad de afrontar con herramientas los momentos de la verdad. Imaz se apoyó en una exquisita formación en energía, con un doctorado en polímeros y una licenciatura en Ciencias Químicas, pero también en su experiencia en reuniones de este tipo tras años de servicio público como consejero de Industria del Gobierno Vasco, eurodiputado y presidente del PNV. De una posición a otra sin amarrarse al cargo, sin dudar arriesgando en cada cambio; con éxitos y fracasos, pero sin arrepentimiento, hasta alcanzar una posición como la de consejero delegado de una de las principales empresas de energía de Europa.

Hoy que la profesión de político pasa por sus horas más bajas y nadie en su sano juicio quiere dedicarse a la cosa pública, el éxito del CEO de Repsol ante Trump pone en valor la experiencia adquirida por años de servicio en la gestión pública. Es difícil encontrar un momento de la historia reciente donde lo público haya tenido tanto impacto en los negocios como el actual. No es solo la guerra de Ucrania o la de Irán y su efecto en los precios de la energía, sino que tras la pandemia todos los gobiernos han implementado mecanismos de control de la actividad privada para proteger la soberanía nacional. Por eso es tan contradictorio subestimar —cuando no estigmatizar— la experiencia política. Urge en las compañías disponer de perfiles directivos con trienios en la

Administración, con miles de horas de negociaciones partisanas y dominio de las prácticas legislativas.

Es preciso huir de la identificación de la clase política con los casos tan habituales de corrupción. Por supuesto que son deleznables, pero con o sin esas manzanas podridas, el peso de lo público sigue creciendo —aquí y en todo el planeta— e interviene cada vez más en el desempeño empresarial. Impuestos, permisos para fusiones y adquisiciones, nuevas normativas, pero también prohibiciones para comerciar con determinadas geografías, aranceles o acuerdos como Mercosur, afectan al día a día de las empresas, que necesitan profesionales que dominen esas disciplinas que no se aprenden en escuelas de negocios, sino con años de gestión pública.

No son puertas giratorias, son trayectorias multidisciplinares que —y esto no es nuevo— los mercados valorarán. Imaz no es el único, aunque apenas se recuerden otros. El presidente de ACS, la empresa de construcción líder en el planeta, fue antes directivo del Ayuntamiento de Madrid. El primer ejecutivo de Baleària, la empresa de referencia en el transporte de personas en el Mediterráneo, tuvo responsabilidades públicas en su consistorio, Denia. Por no hablar del funcionario Pablo Isla, abogado del Estado considerado durante años el mejor directivo del mundo por su paso por la presidencia de Inditex, o Soraya Sáenz de Santamaría y Trinidad Jiménez, con impecables carreras en el mundo privado tras su paso por la política.

Exactamente igual que los mercados han premiado esos desempeños, a lo largo de la historia los electores han valorado esa capacidad de conocer los dos mundos, el empresarial y el público. El que fue alcalde de Nueva York dos décadas, Michael Bloomberg, venía de crear la empresa más importante de información financiera. Emmanuel Macron, presidente de la República Francesa, había tenido una brillante carrera en la banca de inversión; así como el propio Trump, que construyó su carrera política sobre el éxito de sus empresas homónimas, o Mauricio Macri en Argentina y el fallecido Sebastián Piñera en Chile. Por no hablar de destacadas mujeres como Janet Yellen de la Reserva Federal o Christine Lagarde del BCE, buenos ejemplos de directivas de nivel que dieron el paso a lo público.

No es fácil, porque la corriente mayoritaria es despreciar todo lo que tiene que ver con la política. Un hecho que retroalimenta que lo público se desprestigie, ya que los mejores talentos, por lo anterior, huyen de los partidos políticos como el gato escaldado del agua hirviendo. El éxito de Imaz en la Casa Blanca ojalá ayude a cambiar esa tendencia y a que las mejores mentes vuelvan a ver en la gestión pública una forma de servir a su país y, de paso, también un modo de perfeccionar sus carreras profesionales y las de las empresas.

EL SABOR DEL DÍA

Son muchas las expresiones que el mundo anglosajón ha llevado de la calle a la gestión empresarial. Hay una que me gusta especialmente y es la del «sabor del día». Parece ser que en los años cuarenta del siglo pasado, en Estados Unidos, para aumentar el consumo de helado se puso de moda promocionar un sabor diferente cada día. Se trataba de atraer a clientes a las heladerías con la excusa de una combinación inaudita. Los consumidores de helado solían hartarse de los sabores clásicos, como el chocolate o la fresa, y ante la novedad decidían probar ese sugerente nuevo helado. Este fenómeno tardó en llegar a España y hasta hace unos pocos años se mantuvo la oferta de toda la vida con la vainilla, la nata, el café, la avellana y quizás el limón, además de los ya mencionados chocolate y fresa. Pero cuando apareció el primer cartel en una heladería del «sabor del día», se inició un proceso imparable. Así somos. No quedó un puesto sin el helado de té verde, violeta, pistacho o frutos del bosque. Esto no había hecho más que empezar y llegaron los helados de queso y membrillo, pimentón picante y todo tipo de frutas exóticas como el tamarindo o la guayaba. Nos suele pasar, tardamos en adoptar las nuevas tendencias, pero cuando lo hacemos, aplicamos la fe del converso y somos los más entusiastas.

El sabor del día se aplica en el mundo empresarial para explicar las modas pasajeras, conceptos —como esos nuevos helados— que llaman mucho la atención y de los que todos hablan, pero que son efímeros. El helado de aceite de oliva te sorprende y por eso lo pruebas, pero es fugaz y el siguiente verano ya no estará en el mostrador.

Todos, seamos directivos o no, tenemos que saber que este efecto sabor del día existe más allá de las heladerías y no podemos caer en la trampa de pensar que asuntos transitorios se quedarán para siempre. Son perecederos; de hecho, muchas veces se diseñan precisamente para eso, para captar la atención y distraer la pereza de consumir siempre lo mismo.

Lo realmente complicado es saber si esos conceptos son coyunturales o estructurales; si son trucos para desviar la atención o bien han llegado para quedarse. Ahora, el sabor del día en la empresa es la inteligencia artificial o la industria de la defensa, por no hablar del manoseado propósito. Pero… ¿se mantendrán en el tiempo?

Hace un tiempo una amiga CEO que entrevisté me recordaba que el problema de estos grandes temas que atraen toda la atracción es que solemos sobrestimarlos en el corto plazo y, en cambio, infravalorarlos en el largo. Es decir, que nos entretenemos demasiado en cada nuevo tema que surge sin distinguir cuál es el importante. Chapoteamos con lo nuevo, pero no nos preparamos a conciencia para el cambio de verdad. Pasamos de uno a otro sin profundizar en ninguno. Nos pasó con el metaverso o con la RSC, ¿quién se acuerda? Ojalá no sigamos confundiendo modas pasajeras con lo realmente relevante y tengamos la audacia suficiente para profundizar y consultar a quien más sabe y, de esa manera, acertar.

LOS CEO, A BOXEAR

Si te suena a chino lo que escribo en la siguiente frase, estás anticuado. «*La Velada* combina boxeo de *streamers* con actuaciones musicales en Twitch». Es la nueva economía, igual que a finales de los noventa del siglo pasado. Entonces, si no sabías lo que eran las puntocom, el Nasdaq o las *stock options*, estabas fuera de onda. Ahora me temo que es igual si no sabes quién es Myke Towers o TheGrefg. No lo desprecies. No pienses que es cosa de adolescentes y que no es serio, unos *youtubers* en calzones boxeando con cantantes. A finales de los noventa también eran legión los que desdeñaban las bermudas y chanclas de esas empresitas tecnológicas que empezaban con la insolencia de querer desbancar a las incumbentes, tan sólidas, tan capitalizadas y en sectores con tanto fuste como la automoción y la energía. Hoy la nueva economía de entonces domina los *rankings* de las empresas más exitosas del planeta. Por cierto, empresas tecnológicas, sí, pero también de entretenimiento.

Por eso conviene no olvidar la frase de Bill Gates sobre lo idóneo de ser amable con los raritos —el fundador de Microsoft les llamó *nerds*—. Si crees que son así todos los que siguen estos nuevos fenómenos, ten cuidado en cómo les tratas porque, como termina la frase de Gates, igual acabas trabajando para ellos, por muy directivo que seas ahora.

Pero volvamos a *La Velada*. Alrededor de cien mil personas asistieron en directo en el estadio sevillano de La Cartuja y casi diez millones de espectadores la siguieron simultáneamente en Twitch, la red social especializada en videojuegos.

Si la nueva economía de los noventa tenía a Steve Jobs, el fundador de Apple, como gurú, la que vivimos ahora por estos lares tiene como patrón a Ibai Llanos. Ibai nació en Bilbao hace 30 años, estudió periodismo, aunque no llegó a completar la carrera porque empezó a comentar *e-sports* o videojuegos en línea en 2014, además de alguna narración de partidos del fútbol profesional español. Pero no fue hasta 2020 cuando dio el gran salto. Sus tronchantes retransmisiones durante el confinamiento hicieron que sus seguidores aumentaran exponencialmente y fuese conocido por millones de jóvenes españoles y latinoamericanos. Hoy en día es uno de los *streamers* más importantes y conocidos del mundo, colaborando con las grandes estrellas globales del fútbol y de la música. Se estima que Ibai tiene un patrimonio neto de unos diez millones de euros, pero, sobre todo, es capaz de inventar una y otra vez nuevas fórmulas de entretenimiento —y por tanto de contenido— inéditas hasta que él las impulsa, siempre acompañadas del apoyo de un público cada vez más numeroso y multigeneracional. En *La Velada*, los espectadores oscilan desde niños de ocho años a maduritos de cuarenta. El entretenimiento, al mezclarse con cultura digital, garantiza atención masiva. ¡Qué audacia y atrevimiento el de Ibai Llanos!

No todos están a por uvas con este asunto. Por mucho que los que superan los cincuenta años en su gran mayoría no sepan nada de lo anterior, las empresas que dirigen CEO de la generación X o *baby boomers* se están poniendo al día. Por supuesto que compañías disruptivas como Revolut, la *fintech* de moda, están muy presentes en estos eventos. Marcas clásicas tampoco han querido perderse *La Velada* porque han tenido la audacia de considerar el evento una plataforma estratégica para conectar con audiencias jóvenes, digitales y globales.

Es la hora. Si eres un CEO, toca ser audaz y ponerse guantes de boxeo y cascos de música, aunque te cueste. La otra opción es considerarlos raros y por tanto perder esta ola de decenas de millones de clientes. O peor aún, lo que sería la mayor pesadilla para esos CEO tan serios y tan antiguos: que, por no hacer caso a estas nuevas tendencias, acaben trabajando a las órdenes del Ibai de turno en el futuro.

LOS HOMBRES FUERTES VUELVEN AL PODER

Las polémicas decisiones del presidente Trump en su segundo mandato, tras su incontestable victoria electoral, han desempolvado la vieja teoría del liderazgo de Thomas Carlyle. Este filósofo de hace dos siglos defendía que el destino de la humanidad debería dejarse a los «hombres fuertes», líderes superiores en inteligencia y personalidad, porque solo ellos salvarían a la sociedad. Para este profesor escocés el progreso de la civilización habría sido posible exclusivamente por un puñado de grandes hombres con ambiciosa visión y capacidad de arrastrar voluntades.

Esta teoría quedó olvidada no solo por su machismo —citaba una sola mujer con liderazgo a lo largo de la historia—, sino también porque los investigadores de esta rama de la ciencia, a medio camino entre la economía y la psicología, la descartaron con numerosos experimentos empíricos. Varias universidades americanas durante el siglo pasado estudiaron el comportamiento de cientos de directivos y directivas con alta autoestima, inteligencia y fuerza para comprobar que eso no garantizaba resultados excepcionales. Tener rasgos de personalidad de un líder no traía asociados comportamientos de liderazgo, ni mucho menos, por tanto, desempeños fuera de lo común.

En cambio, se demostró que la mejor forma de liderar una empresa o un país es aquella que se adapta a las circunstancias, de modo y manera que en ocasiones habrá que tomar decisiones participativas, en otras unilaterales y siempre teniendo en cuenta el entorno. Este liderazgo conocido como de contingencia o situacional enterró definitivamente en el baúl de la historia la teoría victoriana del hombre fuerte, al mismo tiempo que triunfaban en la literatura de la psicología industrial, pero también en la cúspide de las empresas y los países, los líderes conocidos como transformacionales. Modelos a imitar para sus seguidores, personas buenas que hacen que los demás quieran ser así. Este nuevo líder hace mejor a los que les siguen y les transforma para bien. Mandela y Merkel en la política o Amancio Ortega y Warren Buffett en la empresa.

Pero las amenazas de estos tiempos —guerras, crisis económicas o incluso las pandemias— han resucitado a esos hombres fuertes transaccionales. Precisamente porque trasladan a la sociedad un acuerdo tácito con sus accionistas o votantes: «si me das el poder de ser CEO / jefe de Estado, yo te devolveré dividendos/tranquilidad». Ante ingentes problemas, parece que son necesarios poderosos líderes transaccionales, porque el pacto es sencillo: si se les apoya, solucionarán los entuertos. Al mismo tiempo, el seguidor se tapará los ojos ante los métodos usados para arreglar este mundo.

Trump es un claro ejemplo, como antes lo fue Putin en Rusia. Ahora Milei en Argentina o Bukele en El Salvador. A punto estuvo la izquierda insumisa de Mélenchon en Francia o la derecha extrema de Alice Weidel en Alemania, cuestión que ya lograron Fico en Eslovaquia y Orbán en Hungría. Grupo que se une a los clásicos hombres (siempre) fuertes del comunismo chino, cubano o norcoreano.

Pero lo curioso del momento actual y de la vuelta a ese casposo modo de mandar es que, por primera vez en la historia, la política y la empresa van paralelas. Trump, empresario y político —acordando la paz y haciendo negocios con las tierras raras o el petróleo—, ha contagiado a los aspirantes de todo el planeta en ambas disciplinas. El alumno aventajado es Elon Musk, acostumbrado a un liderazgo empresarial de macho alfa que desprecia a los trabajadores y sacraliza los beneficios, y que tiene en el vicepresidente de los Estados Unidos, J. D. Vance, la horma de su zapato; alguien que se ha atrevido a dejar por escrito dicha teoría en su biografía superventas, básicamente una crítica a la «cultura de la derrota». Para la mano derecha de Trump, solamente con mano dura, esfuerzo y disciplina puede lograrse el éxito.

Conviene no caer en la trampa de este *neofeudalismo* político-económico: una especie de nueva Edad Media en la que los nuevos señores feudales son ahora los *tecnomillonarios* a los que deberíamos aspirar todos. No. No puede confundirse contundencia con extremismo, rigor con radicalismo o esfuerzo con abusos. La fortaleza de los valores de un líder no es patrimonio de estos personajes, sino que a lo largo de la historia son muchos los líderes que, sin caer en las actitudes sectarias, los han cultivado. Eso sí que es liderazgo audaz. Nadie duda de que la contundencia de Churchill o de Teresa de Calcuta no era incompatible con la bondad. Al mismo tiempo, el alto rendimiento de Ignacio Hernando de Larramendi en Mapfre o la visión de Isak Andic en Mango no impidieron su alta consideración y la fidelidad a sus equipos. Porque si la historia nos ha enseñado algo es que los funestos estilos de liderazgo pasarán y los buenos liderazgos no, pero si caemos en estas trampas mentales de asociar clarividencia a radicalismo, las consecuencias son siempre nefastas.

TOCADO Y HUNDIDO

Un velero naufragó en la costa de Sicilia el 19 de agosto de 2024 causando la muerte de media docena de personas. Más allá de que entre los fallecidos hubo destacados actores económicos, como el presidente internacional de Morgan Stanley, el hundimiento de este barco explica muy bien algunas lecciones de liderazgo empresarial.

El *Bayesian* era un lujoso yate valorado en más de 50 millones de dólares, propiedad del exitoso emprendedor británico Mike Lynch, quien murió ese día ahogado junto a su hija. El barco era globalmente conocido no solo por su espectacular diseño y tecnología, sino por su imponente mástil de 75 metros, considerado el más alto del mundo. Lynch había invitado a colegas y familia a disfrutar del Mediterráneo para celebrar que había sido absuelto de un proceso judicial que podría haber acabado con su fortuna y haberle llevado a la cárcel. Para este crucero eligió al mejor, un capitán neozelandés que tenía una grandísima experiencia comandando barcos de superlujo. Pero a pesar de recibir un aviso de tormenta en Palermo, confiado por las prestaciones del velero y por su dominio de estas situaciones, el marinero no pudo evitar el naufragio. Cuando la tromba marina alcanzó al *Bayesian*, las puertas de la cabina y algunas escotillas estaban abiertas, lo que hizo posible que una gran cantidad de agua entrase en el casco. Esto, unido al fuerte desequilibrio que causó en el velero un mástil tan alto azotado por el huracán, lo llevó al fondo del mar. Algunas otras fuentes hablan de órdenes contradictorias entre el propietario y el piloto. Sea como fuere, con tecnología punta, un piloto exitoso y el reconocimiento mundial, el barco se hundió.

En la empresa se puede confiar en la tecnología —como en la del yate— y, de hecho, si repasamos los valores bursátiles que más crecen, son aquellos soportados por servicios tecnológicos. Las conocidas como *big tech* han dado grandes alegrías a sus accionistas los últimos años, aunque quizás tras la irrupción de la IA esto ya se ha acabado. Sus empleados lo saben bien, ya que cientos de miles han sido despedidos desde la pandemia y otros tantos lo serán fruto de las eficiencias logradas por la IA generativa.

Tampoco duda nadie de la importancia de un CEO para el desempeño de una empresa, como un capitán para un barco. La teoría económica ha estudiado las cualidades de los mejores consejeros delegados y analizado el impacto positivo de la gestión de estos buenos líderes empresariales. Steve Jobs, Jeff Bezos o Jack Welch fueron audaces y transformaron sus compañías, pero todos ellos fueron puestos en cuestión en algún momento y no terminaron su carrera como primeros ejecutivos. De hecho, son varios los informes que demuestran que la duración promedio de los CEO se ha reducido en los últimos años e incluso alguno ya habla de que dos de cada diez de los primeros espadas de las principales empresas del mundo son despedidos todos los años. Ser el mejor hoy no es garantía de serlo mañana. La historia económica acumula sonoros fracasos de compañías que fueron líderes indiscutibles sin que nadie dudara de su solvencia. O incluso envidiadas por su liderazgo mundial, como el *Bayesian* por su mástil. Desde Kodak con su pionera cámara digital, Blackberry con el primer teléfono inteligente o Blockbuster con la mayor red del mundo de alquiler de películas, éxitos pasados no garantizan éxitos futuros.

Los veleros tras el buen tiempo vuelven a los puertos refugio, pero la lección de este hundimiento no puede olvidarse porque, si no, volverá a repetirse en el mar y en la economía. No puede subestimarse la fuerza del mar, como tampoco la de los mercados. Por muchas crisis que se hayan bandeado, la última siempre es la peor. En un barco, como en una empresa, el mérito y la capacidad son lo que ha de regir su funcionamiento por encima de cualquier otra consideración. Por último, la propiedad y la gestión siempre han de ir alineadas.

Dejo para la reflexión del lector si las empresas que conoce o incluso las instituciones que lo gobiernan cumplen los criterios anteriores o están en riesgo de hundimiento.

LO SÓLIDO PASA A LÍQUIDO

El turrón forma parte de la Navidad. Además, el de toda la vida, el duro. Cuando por mi trabajo tengo que analizar la presencia digital de los directivos en redes sociales, siempre me acuerdo del dulce navideño típico. Y es que aquí los líderes empresariales tienen una menor presencia digital que en otras partes del mundo. En Brasil y Argentina, prácticamente todos los primeros ejecutivos de las empresas importantes están en redes sociales de carácter profesional; en España, únicamente uno de cada tres.

Hoy la opinión pública ya no se moldea como antaño, exclusivamente en los medios de comunicación convencionales como la televisión, la prensa y la radio, sino que es líquida. Este concepto fue acuñado hace unos años por el filósofo polaco Zygmunt Bauman para describir cómo las sociedades estaban dejando de tener principios rígidos y, por tanto, inmutables para evolucionar hacia un mundo sin certezas, donde todo es susceptible de cambio. Lo sólido pasa a ser líquido.

En el pasado todo era más fácil para un directivo de una empresa. Se sabía que había que rendir cuentas por unos resultados ante una junta general y un consejo de administración. Una hornada de empresarios vivió así tiempos felices, pero llegó la modernidad líquida de Bauman con internet y las redes sociales. Y todo se complicó. Ya no basta con contentar a los accionistas, sino que el prestigio de la empresa —y por tanto su futuro— depende de lo que opinen clientes, proveedores, trabajadores, administraciones y cualquier paisano sin relación aparente. Y conforman su opinión de mil maneras. Nadie, por muy CEO que sea de una gran empresa, puede pretender aprehender algo líquido, como la nueva opinión pública, porque se le desparrama entre las manos.

Dicho eso, no se puede colegir que haya que rendirse ante la complejidad del momento. Más bien al contrario, hay que ser audaz. La investigación de la que estoy hablando en estas líneas ha conseguido demostrar que cuando los directivos están en redes sociales con una presencia genuina y honesta, aumenta el prestigio de la empresa a la que representan. Largo camino por recorrer, porque el análisis ha detectado, además, que no solo la presencia de los directivos, sino también el volumen de conversación, es mucho menor que el de sus empresas.

No estaría mal que los que tienen altas responsabilidades en empresas piensen más allá de ratios económicas y sean audaces para sacar tiempo para abrir perfiles en redes sociales. No es una frivolidad invertir parte de la agenda en interactuar con cientos de miles de internautas, es una exigencia social. Un CEO que aspire a la excelencia ha de tener una huella digital sólida y ha de implicarse en el devenir de la comunidad a la que sirve. La conversación social no puede ir disociada de las preocupaciones empresariales. Un buen test para muchos primeros ejecutivos sería esta simple cuestión: ¿se habla lo mismo en mi comité de dirección que en la calle? Hoy la calle son las redes sociales, y me temo la respuesta, a la vista de los datos de que disponemos.

Pero volvamos al turrón duro. Seguro que nuestros padres no concebían la Navidad sin él. Pero todo cambia, y también los gustos. Hoy otros dulces lo han sustituido. Una diversificada oferta de texturas y sabores nos permite seguir disfrutando de esas fiestas. Cambiar para seguir igual. Pues eso: audacia.

CAPÍTULO 2.
ESFUERZO

esfuerzo

De *esforzar*.

1. m. Empleo enérgico de la fuerza física contra algún impulso o resistencia.

    SIN.: impulso.

2. m. Empleo enérgico del vigor o actividad del ánimo para conseguir algo venciendo dificultades.

    SIN.: afán, empeño, ahínco.

3. m. Ánimo, vigor, brío, valor.

    SIN.: ánimo, ardor, brío, denuedo, vigor.

    ANT.: desánimo, desinterés.

4. m. Empleo de elementos costosos en la consecución de algún fin.

    SIN.: trabajo, sudor, sacrificio.

5. m. desus. auxilio (‖ ayuda, socorro).

ANTES DE QUE TE RINDAS

Siempre pasa. Empezamos el año jurando que vamos a cumplir con esas promesas pendientes. Adelgazar, cambiar de trabajo, estar de mejor humor, leer libros, hacer pesas, dedicar tiempo a la familia o abandonar las redes sociales. La ilusión de poder llevar a cabo estos deseos es parte de la motivación para afrontar la rutina tras el descanso navideño. Pero dura poco. Según la Universidad de Ohio, a casi la mitad se les esfuma antes de que termine enero. Por eso, si estás dentro de esa mayoría que siempre se rinde, te animo a que sigas leyendo.

La motivación ha sido objeto de numerosos estudios durante los dos últimos siglos. Los más brillantes pensadores han querido desentrañar la razón última por la que se mantiene o bien se pierde. Con la revolución industrial y el auge de las empresas como actor económico y social, diversos investigadores —especialmente americanos— retoman las teorías de los filósofos griegos sobre la voluntad para intentar explicar la razón por la que grupos con capacidades similares obtienen resultados diferentes. Básicamente, la voluntad es el deseo de actuar, pero ¿cómo se logran esas ganas de hacer?

La respuesta está en la motivación: aquellos que mantienen una energía para cumplir con sus objetivos se convierten en equipos de alto rendimiento. Y cuando esa fuerza de voluntad es constante y en la dirección adecuada, el óptimo desempeño se consigue y marca la diferencia con los que claudican a las primeras de cambio. En mis clases a alumnos de segundo curso del grado en Dirección de Empresas explico la motivación como la fuerza que alimenta y dirige el esfuerzo de los trabajadores de una manera persistente en el tiempo. Esa fuerza puede ser el salario, el lugar de trabajo, las propias tareas y, por supuesto, un buen jefe, la posibilidad de ascender o la consideración social del desempeño.

Ya sabemos que en esta época todo se ha puesto en contra: la locura de la geopolítica, las guerras, los despidos o los precios disparados; pero si desaparece la motivación, todo será mucho peor, aunque el incentivo de abrir la nevera, coger el móvil o vivir enfadado sea casi invencible. Sin metas a las que llegar, jamás mejorarás. Sin un objetivo, no hay resultados. Sin un horizonte, solo se deambula.

«Empezar es la mitad del camino», dejó escrito hace dos mil años Horacio, el poeta de la Roma clásica. Por eso, si sobrevivimos con nuestras ilusiones intactas al día de hoy, a esta semana y a este mes, tendremos casi al alcance esos anhelos que tanto necesitamos. No creo que seamos mucho mejores cumpliendo todos y cada uno de esos deseos, pero sí tengo claro que, luchando para conseguirlos y no tirando la toalla a la primera de cambio, estaremos mucho más preparados para lo que venga. Porque, visto lo visto, no es época de pusilánimes sino de esforzados. Y más si eres CEO o estás en camino de serlo.

LO LLAMAN DUENDE, ES SOLO ESFUERZO

Dicen que el poeta Federico García Lorca definió el «duende» del flamenco como un poder misterioso que tienen solo algunos artistas, una especie de fuerza vital que les conecta con el público, generando una emoción profunda y auténtica. El duende, según Lorca, no es disponer de una técnica o una habilidad especial, sino disfrutar de una conexión casi sobrenatural que emana del interior. No soy nadie —y menos siendo de Bilbao— para poner en cuestión las opiniones del autor granadino sobre el arte jondo. Pero escuché a un CEO en una de mis entrevistas en la UNIR que citó a Paco de Lucía con esta frase que no puedo olvidar: «Llevo desde los seis años practicando una media de 14 horas al día con la guitarra y en mi tierra a eso le llaman 'duende'».

Rápidamente me vinieron a la cabeza las numerosas declaraciones de políticos bienintencionados: «Queremos que la gente trabaje menos para vivir mejor». No sé si hubiera vivido mejor o peor Paco de Lucía ensayando menos horas, pero lo que sí sé es que sin ese esfuerzo jamás hubiéramos disfrutado de su arte.

Los economistas llevamos siglos intentando medir qué significa vivir mejor. De las clásicas magnitudes de la contabilidad nacional como el PIB —es decir, lo que produce un país—, se evolucionó al PIB per cápita o al coeficiente de Gini para ver cómo la riqueza se reparte entre la población. También fueron promovidos *ex novo* indicadores sintéticos como el IDH (índice de desarrollo humano), sin gran éxito.

En los últimos tiempos, el consenso tiene que ver con la vinculación de la competitividad y la productividad. Arturo Bris, profesor español que imparte su docencia en el IMD (International Institute for Management Development) de Lausana, habla de la «buena vida», en la que incluye la calidad institucional como el principal indicador para la movilidad del talento internacional. Dicho de otra manera, los países más competitivos lo son porque tienen en su seno la mejor fuerza de trabajo. Una suerte de círculo virtuoso que hace mejores, si cabe, a los países más competitivos, ya que la llegada de esas personas talentosas hace que prospere esa nación y provoque que vengan más en el futuro. Suiza, Suecia o Alemania se sitúan en las primeras posiciones. Ser competitivo no solo supone ofrecer bienes y servicios mejores que el resto de los países, sino hacerlo provocando una mejora del bienestar patrio.

Algo parecido sucede con la productividad; es decir, la capacidad de hacer más con menos. Las clasificaciones globales llevan a situar en la cabeza a territorios como Irlanda y, de nuevo, Suecia o Alemania. El profesor Bris en sus clases cruza en un gráfico la posición de los países en las clasificaciones de competitividad y productividad para concluir que la correlación de ambos vectores es lo que determina la prosperidad. Suecia y Alemania se encuentran en esos cruces buenos. En ambos países, por ejemplo, las carreras laborales son más largas que en España, medidas por la duración media de la vida activa que elabora Eurostat. O lo que es lo mismo, los suecos trabajan ocho años más que los españoles y los alemanes cinco años más.

Se esfuerzan más. No hay, por tanto, casualidades ni nada sobrenatural en el bienestar de esos países. Hay duende. Pero no el duende de Lorca, sino el de Paco de Lucía. Mejor «mucho» que «poco». Mucho esfuerzo por innovar, muchas horas de estudio, mucha dedicación a ser el mejor en tu producto, mucho sacrificio para dejar tu casa y aprender fuera, mucha vigilancia del gasto público, mucho rigor en las finanzas, mucha persecución al corrupto y mucho premio al excelente. Eso de esforzarse menos para «vivir mejor» va en el sentido contrario de la experiencia de los países más dinámicos del mundo y promueve una mentalidad hedonista, del «poco», muy alejada del arraigado sentido del deber y de la responsabilidad que tienen los territorios más prósperos del planeta y, por lo que parece, también los mayores genios del flamenco y de la mayoría de las disciplinas complejas, entre las que está ser CEO y dirigir una empresa.

HOY NO ME PUEDO LEVANTAR

Hoy me siento como si las pilas se me hubiesen agotado. Al sonar el despertador, me ha venido a la cabeza la mítica canción de Mecano. Y es que es así, «hoy no me puedo levantar». Cada lunes, una mayoría de los más de 20 millones de españoles que trabajamos nos sentimos de esa manera. Cuando eres joven, por los excesos del fin de semana; si tienes familia, porque los niños agotan; y al peinar canas, los años se notan y parar durante dos días hace que cueste arrancar. Sacamos fuerza de no se sabe dónde y nos vamos a trabajar. Sí se sabe, esas fuerzas salen del compromiso, de la responsabilidad y de un sentido del deber adquirido, generalmente gracias a los valores de la familia y la educación recibida. Si eres, además, CEO, has de dar ejemplo y no fallar jamás. Pero un día cualquiera, un millón y medio se quedarán en la cama. Es lo que se llama absentismo laboral y una de las causas de la falta de productividad de nuestra economía. Las ausencias hacen que la producción de las empresas —como es normal— disminuya porque hay menor mano de obra o, en el caso del sector terciario, que el servicio sea peor y se acabe lesionando. Además, los salarios se siguen pagando aunque no se asista al puesto de trabajo, con lo que se remunera un trabajo que no se ha realizado. Por último, el absentismo injustificado genera una sobrecarga en los empleados que sí acuden religiosamente a cumplir con sus tareas, lo que acaba minando la moral de los cumplidores y, a la larga, desmotivándoles.

Uno de los grandes logros de nuestra sociedad es la asistencia social ante la enfermedad y, de ese millón largo de absentismo, una parte importante son bajas laborales. Y no puede ponerse un solo pero. Es decir, la realidad es que cada día hay cientos de miles de trabajadores que están enfermos o tienen que ir al médico, y nuestro sistema les protege. En cambio, uno de cada cuatro del millón largo que faltan al curro cada día no tiene ninguna excusa. Son más de 300.000 españoles que hoy, teniendo contrato en vigor, apagan el despertador y siguen durmiendo, abren el ojo y ven una serie porque —y sigo citando a Mecano— «el fin de semana me dejó fatal».

Es un drama para un negocio no saber si el lunes podrá subir la persiana o no. Y también, muchas veces, un desastre para los trabajadores que faltan sin motivo aparente. Los expertos dicen que detrás de esos miles de ausentes no está solamente una cara de cemento armado, sino también circunstancias familiares complejas que no se quieren contar, y eso lleva al absentismo o, incluso, a situaciones de estrés o acoso en el trabajo que con la ausencia se evitan.

No obstante, sigue habiendo cientos de miles de trabajadores que se pasan el lunes cómodamente zanganeando, seguramente porque saben que la impunidad los protege, bien porque es difícil de demostrar que la jaqueca era tan fuerte, bien porque la empresa no puede permitirse echarlos. La realidad seguro que es una mezcla en la que también estará que, en algunos sectores, encontrar un trabajador —aunque parezca mentira con las cifras de paro que tenemos— sea una odisea tal que a los empresarios les compense seguir con el absentista.

Ana Torroja en la misma canción decía: «Hay que ir al trabajo, no me da la gana»; y así nos va, con tantos españolitos haciendo caso en esto a la solista de Mecano. Menos mal que son mayoría los que paran el despertador y se van a trabajar. CEO o no, el esfuerzo sigue siendo lo que mueve los países y, si no, siempre podemos recurrir a Thomas Edison con su famosa cita: «El genio es un uno por ciento de inspiración y un noventa y nueve por ciento de transpiración».

NO PREGUNTES A MAMÁ

Desde que se publicó hace unos años, este libro ha arrasado e incluso se ha incluido como lectura obligatoria en alguna de las mejores universidades de empresa en Estados Unidos. Su título original es *The Mom Test*; si se prefiere una traducción más literal que la del encabezado de este artículo, sería algo así como *El examen de Mamá*. La tesis del libro reside en que muchos negocios fallan porque se pregunta a los futuros clientes por nuevos productos o servicios como si fueran nuestras madres y, ¡claro!, generalmente responderán como tales: sin herir los sentimientos e impidiendo que la verdad en estado puro fluya y, por tanto, que también aparezcan valiosos aprendizajes, aunque duelan.

El libro defiende la idea de que, si fuésemos capaces de hacer preguntas a nuestra madre sobre cuestiones importantes, sin que ella mintiera o dulcificara su opinión para proteger nuestros sentimientos, entonces estaríamos haciendo las preguntas correctas.

A nadie se le escapa que esto no es sencillo, pero puede aplicarse en muchas facetas de la vida. Desde cuando siendo jóvenes le pedimos criterio sobre unos nuevos amigos con raras costumbres o por una pareja que te da mala vida, hasta por ese trabajo que paga tan mal o por ese socio que te va a permitir ganar rápidamente mucho dinero. También por esos atajos que te ves obligado a tomar para llegar antes a un determinado destino profesional. Preguntamos generalmente a nuestra madre para que nos dé su aprobación y, de paso, algo de cariño. Qué error.

The Mom Test se centra en el mundo empresarial y en concreto en cómo vender más haciendo las preguntas adecuadas y no las de una madre. Es una guía práctica que enseña cómo obtener respuestas honestas y útiles, evitando las sesgadas que a menudo se obtienen al preguntar a un familiar o a amigos íntimos. Esas respuestas de los que te quieren te ayudan en el corto plazo con algo de autoestima, aunque cuando eres CEO te llevan al fracaso con el tiempo.

Por eso hay que aplicarse el cuento con tres fáciles consejos. El primero, evitar preguntas ambiguas. En lugar de cuestiones generales como «¿Te gusta mi idea?», es mejor interesarse sobre experiencias pasadas, por ejemplo: «¿Cuándo fue la última vez que enfrentaste este problema?». En segundo lugar, hay que enfocarse en aprender, no en vender. El objetivo de una buena conversación no debe ser convencer a la otra persona de que tu idea es buena, sino entender sus problemas reales. Esto implica escuchar más y hablar menos, permitiendo que la otra persona comparta sus experiencias y opiniones sin sentirse presionada.

Y, en tercer lugar, siempre buscar un compromiso concreto. En vez de aceptar promesas vagas de apoyo futuro, es importante buscar pruebas de que la persona ha intentado resolver el problema en el pasado y está dispuesta a pagar por una solución en el futuro. Preguntas como «¿Cuánto has gastado en intentar resolver este problema?» pueden ser reveladoras.

Ahora lleva todo esto a tu día a día. A ese consejo que pides a tus íntimos para que te ayuden, cuando en realidad solo buscas reafirmarte. Cómo cambiaría la película de nuestra vida, e incluso la de nuestra empresa, si preguntásemos a las personas adecuadas o de manera adecuada. Sin ir más lejos, piensa en los problemas de tu compañía: si se hubiera pedido consejo siguiendo las reglas de «no preguntes a mamá», la respuesta habría sido clara y cruda. Me temo que, como a tantos hijos, tampoco le habría gustado oírla al CEO de turno, pero habría permitido avanzar.

HASTA EL ÚLTIMO MINUTO

No rendirse hasta el final, en el deporte y en la vida. El fútbol y muchos otros deportes nos permiten comprobar todas las temporadas la importancia de luchar hasta que se acabe el tiempo.

Los profesores consumimos mucho tiempo en explicar conceptos complejos que, en ocasiones, el deporte logra transmitir de forma magistralmente sencilla por ser muy gráfica. Esa imagen de la euforia en el minuto de descuento es la resiliencia que en mi asignatura de Dirección de Empresas les transmito a mis alumnos; me doy cuenta ahora de que con demasiada palabrería. Dos pantallazos de los últimos segundos de un partido de *basket* permiten entender mucho mejor ese atributo tan buscado para cualquier CEO que una hora de clase universitaria.

Resiliencia, que no resilencia, proviene del latín *resilio*, 'volver atrás o rebotar'. Y no es otra cosa que la capacidad de recuperación que tiene el ser humano ante una situación adversa. En física, es la cualidad de un material para recuperar su estado inicial cuando ha cesado la perturbación a la que había estado sometido. Lo malo —un gol inesperado— puede pasar, pero si te repones y aguantas, podrás vencer. Resiliencia no es únicamente no rendirse, sino tener la fe de que puedes triunfar.

Otra imagen del deporte nos puede ayudar a entender de lo que hablamos. Un estadio de fútbol empieza a vaciarse a unos minutos del final del partido porque el equipo local va perdiendo. Imposible remontar un marcador en contra, pero muy posible evitar el atasco si se abandona el campo antes de que todo el público salga. El pragmatismo es lo contrario a la resiliencia. La lógica dice que no es posible; la capacidad de los directivos entrenados para superar las adversidades hace que las cosas pasen.

Por algunos de estos motivos, resiliencia ha figurado en los últimos años como candidata a la palabra del año. Parece como si los más importantes diccionarios del mundo quisieran rendir homenaje a cómo hemos demostrado nuestra capacidad de aguantar una crisis como la de la pandemia y el penúltimo ataque despiadado de la inflación en las economías familiares. Yo me permitiría añadir que muchos CEO merecen ser incluidos en este aplauso por ser resilientes ante la coyuntura que padece su profesión. El aguante de consejeros delegados de empresas que durante largos años han sufrido con cotizaciones que no reflejaban el valor de la empresa o la fuerza de voluntad de primeros ejecutivos para lidiar con gobiernos que les atacaban todos los días, por no mencionar a los que han aguantado estoicamente envites de accionistas en el consejo hasta que el tiempo acaba dando la razón a su gestión. Y aún más, cualquier gerente de una pyme que ha resistido los últimos años con sus costes aumentando por la subida de precios o por el auge de impuestos y cotizaciones. Necesitamos que aguanten hasta el último minuto porque, si lo hacen, podrán darle la vuelta al partido. Nos va la vida en ello, como economía y como país.

UNA PIEDRA EN EL ZAPATO

Hace tiempo que no recuerdo una época con tanta guerra y tanto conflicto político, aquí y en todas partes. Pero mi sorpresa ha sido morrocotuda al leer un estudio sobre las preocupaciones de los directivos empresariales y comprobar que, para este colectivo que está tan informado, lo que de verdad le quita el sueño es otra batalla, la del talento.

Puestos sin cubrir por la ausencia de candidatos cualificados, la fuga de los perfiles más demandados en el mercado, la desconexión de muchos empleados con sus empresas, el aumento del absentismo, la conflictividad de las relaciones laborales, la incapacidad de sus propias compañías para ofrecer salarios atractivos a los mejores candidatos o los retrasos para contratar fuera por el recrudecimiento de las políticas migratorias son algunos de los pensamientos que llevan al insomnio a los CEO.

Es verdad que la gestión de personas siempre ha tenido un lugar referente en la agenda de los primeros ejecutivos. El alto rendimiento empresarial solo se consigue con equipos y no con individualidades, pero en los últimos años, la atracción de determinados perfiles y lograr el compromiso profesional se han convertido en una incómoda piedra en el zapato que hace tambalear cualquier plan empresarial. Seguro que esos CEO se preguntan de qué les ha servido escalar posiciones ejecutivas en una empresa si, cada día, sus empleados son menos productivos, sienten pánico de que su puesto sea sustituido por una máquina y, al mismo tiempo, pierden poder adquisitivo y motivación.

Y, mientras tanto, los dosieres se acumulan en sus despachos con índices de rotación de los más jóvenes que no dejan de crecer o con la negativa de los mejores expedientes a formar parte de una compañía con la que no se sienten identificados. El mundo al revés. Son los candidatos los que examinan a las empresas y estas suspenden en demasiadas ocasiones por prácticas del siglo pasado.

Estos tiempos de la velocidad x2 de los audios que nos llegan a nuestros móviles exigen pararse a pensar y cuestionarse con honestidad si las políticas de gestión del talento funcionan. Comprobar de primera mano, por ejemplo asistiendo a ferias de empleo o participando activamente en redes sociales profesionales, si no hay suficiente talento o es que sus empresas no son capaces de atraerlo. Para ser competitivos necesitan a los mejores y para llamar su atención se me ocurren al menos tres cosas. Tener cierta notoriedad como empresa, una cultura corporativa adaptada a los tiempos y sistemas que eviten las tareas más tediosas. Las herramientas para lo anterior son conocidas. Modelos de trabajo flexible, con el teletrabajo y los horarios dinámicos como opciones; el fortalecimiento de la comunicación interna para que sea tan relevante e impactante como la externa y llegue a toda la plantilla; sin olvidar una oferta sólida de programas de formación que mejore la cualificación y permita desarrollar una larga carrera profesional.

Tener tiempo para estas cosas será el gran reto que debería regalar la tecnología a estos CEO.

RATONES DE LABORATORIO

El descubrimiento anunciado por el científico español Mariano Barbacid es un hito en la lucha contra el temido cáncer de páncreas. Con su equipo del Centro Nacional de Investigaciones Oncológicas (CNIO), ha conseguido eliminar por completo y de forma duradera los tumores de páncreas más comunes en ratones. Barbacid ha diseñado una terapia combinada de tres fármacos para así evitar que el tumor se adapte y desarrolle resistencia, un problema común en las terapias actuales que provocaba la reaparición del cáncer con consecuencias mortales la gran mayoría de las veces.

Inmediatamente, cientos de familias se han dirigido al científico español para poder aplicar el tratamiento a enfermos de este cáncer. Barbacid se ha visto obligado a recordar que, aunque es un avance crucial, aún no se están realizando ensayos clínicos en humanos.

Se necesita tiempo y dinero para pasar del laboratorio a los hospitales. Este «valle de la muerte» dura al menos cinco años en el mejor de los casos, con ensayos clínicos con decenas de humanos y con un coste de cientos de millones, lo que el propio investigador ha reconocido que supera con creces todo lo que dedica el CNIO a investigar cada año. Las donaciones privadas han comenzado casi al mismo tiempo con el objetivo de financiar la primera fase de los ensayos, tasada en 30 millones de euros.

Los ratones son un regalo de la naturaleza para estas investigaciones. Con estos primos biológicos compartimos casi el 100 % de nuestros genes. Esto significa que la mayoría de las enfermedades humanas tienen la misma causa genética en ambas especies. Además, como mamíferos, sus sistemas circulatorio, digestivo y endocrino funcionan de forma muy parecida a los nuestros. También un ratón vive menos de tres años, lo que permite observar el desarrollo de una enfermedad mortal desde el inicio hasta el final en pocos meses. Por último, son tan pequeños y comen tan poco, que esto facilita de una forma increíble la logística de las pruebas.

La ilusión de los primeros días ha traído el jarro de agua fría de la realidad. Las pruebas no implican aplicaciones inmediatas. Y para poner en práctica un fármaco que cure el cáncer de páncreas a todos los enfermos harán falta más de cinco años y miles de millones.

Las lecciones aprendidas tras la rueda de prensa de Barbacid son aplicables a la empresa. Si los ratones se usan en la ciencia para extrapolar resultados, en la empresa y en la investigación de mercados se recurre a modelos o pilotos. Un modelo es una descripción simplificada de la realidad que los economistas usamos para obtener modelos de conducta aplicables al conjunto de la población. Son pilotos o pruebas en entornos seguros que permiten testar nuevos productos. En Estados Unidos, para la validación comercial de nuevos productos de consumo se recurre a la ciudad de Columbus. De hecho, es conocida como la *test city*. Es un buen espejo del país ya que su composición demográfica, niveles de ingresos y diversidad étnica son casi idénticos al promedio nacional. Si un producto funciona allí, las empresas asumen que funcionará en todo el país.

En España, la «ciudad laboratorio» por excelencia para la validación comercial es Zaragoza. Es el ratón de laboratorio español porque su perfil de población (edad, clase social y hábitos de gasto) se ajusta casi perfectamente a la media nacional. Triunfar con la prueba en la capital del Ebro implica el éxito comercial en España.

Algo parecido pasa con las elecciones. Ohio es considerado en Estados Unidos el «estado profeta», ya que, como vota Ohio, vota después la nación. Durante gran parte del siglo, quien ganaba electoralmente en el estado de Ohio finalmente ganaba la Casa Blanca. Y por estos lares Aragón tiene fama de ser el oráculo electoral. Apoyado en series históricas como en Ohio, el partido que gana en Aragón termina durmiendo en la Moncloa. Básicamente por su mezcla de población urbana y rural, un reflejo casi perfecto del comportamiento electoral del país.

Los ratones demostraron que la penicilina curaba. Columbus y Zaragoza hicieron posible la penúltima hamburguesa de McDonald's o la crema más avanzada de L'Oréal, respectivamente. Y Ohio y Aragón se usaron para las triunfantes campañas de Clinton o Aznar. Pero, como los financieros saben, «rentabilidades pasadas no garantizan rentabilidades futuras».

En psicología industrial se habla del sesgo de inducción, o lo que es lo mismo, la tendencia humana a creer que el futuro será exactamente igual al pasado basándose únicamente en la repetición de experiencias. Es un atajo o trampa mental que los humanos aplicamos por pereza o simplemente para evitar tomar decisiones complejas que nos supondrían analizar cientos de datos.

Y la enseñanza de los ratones y sus homólogos en la economía y la política es que no siempre aciertan. Los ratones fallaron con la leucemia, que sigue sin curarse; la hamburguesa de algas o el café con sabor a cerveza no salieron de los límites de esas ciudades.

Cuidado, por tanto, con los experimentos, porque solo son eso y, por mucho que los datos demuestren que pueden funcionar, la realidad es tozuda y no siempre sucede así. Solo queda por tanto aplicar la expresión del clásico griego: «el movimiento se demuestra andando». Lo que valen son los hechos, no las promesas. No hay más remedio que seguir probando y escalando hasta el día final y definitivo. Sin dar nada por hecho.

CAPÍTULO 3.
HUMILDAD

humildad

Del lat. *humilĭtas, -ātis.*

1. f. Virtud que consiste en el conocimiento de las propias limitaciones y debilidades y en obrar de acuerdo con este conocimiento.

    SIN.: modestia, sencillez, llaneza, recato, moderación.

    ANT.: soberbia, vanidad, arrogancia, altanería, altivez.

2. f. Bajeza de nacimiento o de otra cualquier especie.

    SIN.: pobreza, estrechez, miseria, desamparo.

3. f. Sumisión, rendimiento.

    SIN.: sumisión, docilidad, obediencia, acatamiento, paciencia, suavidad, humillación.

    ANT.: rebeldía.

MIRANDO HACIA ABAJO

El padre José Miguel de Barandiarán fue un sabio vasco que vivió más de 100 años y la gran mayoría los pasó investigando y sirviendo a los demás. El museo dedicado a él en su Ataun natal recibe al visitante con una enseñanza escrita en la pared que aplicó toda su vida. Una lección que recibió de su madre un día siendo niño. Volvía triunfante a su casa en el monte después de haber superado un duro examen de latín y, para templar su soberbia, su madre le llevó a la puerta del caserío para que viese dos manzanos con las ramas dobladas por el peso de los frutos. Con esa visión le dijo: «Cuanto más cargados, más humildes». Esos árboles que tantas alegrías dan con sus sabrosas manzanas, cuando tienen más frutos, más miran hacia abajo, menos presumen.

Esta época protagonizada por las redes sociales, en las que alardear de ascensos o viajes de trabajo es lo habitual, exige recordar el viejo consejo de una madre a un orgulloso chaval con altas capacidades en la Euskadi rural del siglo pasado. Los móviles nos empachan de imágenes de maravillosos e inalcanzables éxitos profesionales. Imposible no encontrarte al abrir cualquier aplicación en nuestro móvil con demostraciones de playas idílicas, atardeceres paradisíacos y siempre planes de diversión absoluta. Engreimiento y arrogancia. Como si la vida solamente tuviera sentido por poder pasear en barco o sacarte una foto con un famoso.

Una temporada que nos viene, a la luz de las publicaciones digitales que ya nos inundan, repleta de actitudes altivas, de internautas que nos miran por encima del hombro con su exhibición de imágenes de su supuesto éxito: lujosas comidas de negocios, diversión sin límite y risas incontenibles. Frente a esa soberbia, recordemos la humildad del manzano que, como el padre Barandiarán, jamás presumió de sus frutos. Más bien al contrario, este sabio defendía las horas de trabajo con los siguientes versos a modo de broma: «Una hora duerme el gallo, dos el caballo, tres el santo, cuatro el que no es tanto, cinco el teatino, seis el benedictino, siete el viajante, ocho el estudiante, nueve el caballero, diez el majadero, once el muchacho y doce el borracho».

Menos mal que, al mismo tiempo que tanta exhibición morbosa, nos queda el ejemplo de líderes empresariales que contrapesan tanta altivez. La templanza, coralidad, humildad, sacrificio e historias auténticas. CEO hechos a sí mismos que han llegado a la cúspide empresarial y, como ese frutal repleto de manzanas, siguen mirando hacia abajo, con humildad. Son una mayoría, aunque unos pocos directivos presuntuosos y ostentosos nos hagan, en ocasiones, pensar lo contrario. De otra manera no se entendería que siete de cada diez empleos en España tengan su origen en las pymes. Pequeñas empresas con CEO desconocidos y humildes como esa manzana del árbol de Ataun.

ÉTICA O ESTÉTICA

Se parecen mucho estas dos palabras. Las dos proceden del griego, ética viene de *ethos*, que puede traducirse como 'el carácter o las costumbres', y, en cambio, estética viene del vocablo *aisthesis*, algo así como 'las sensaciones o las percepciones que tenemos'. También ambas tienen su origen en la filosofía, es decir, en esas grandes preguntas que el ser humano se ha hecho sobre la vida. La ética nos dice cómo comportarnos y la estética, por qué percibimos algo como bello o feo.

Quizás por todo lo anterior, o porque ética y estética se escriben y suenan casi igual, tengo la sensación de que cada vez se confunden más esas dos palabras. La razón, me temo, reside en este mundo tan acelerado en el que vivimos con poco tiempo para reflexionar y la necesidad, al mismo tiempo, de contar cada cosa que hacemos y pensamos. La irrupción de la inmediatez de las redes sociales, con la ventana tan pequeña de atención de la que disponemos y la exigencia de usarla para seguir existiendo como profesional o como persona, nos lleva a asumir los códigos de los *influencers*: generar impacto, bueno o malo, pero que no se olvide nuestra huella digital.

De esta forma, cuestiones complejas se despachan con un exabrupto; situaciones trascendentales de la vida se explican con una foto o una canción; cambios profesionales relevantes con un emoji, y el posicionamiento ante los conflictos del mundo se resume en los colores de una bandera o una palabra fetiche.

Conviene recordar que la ética alude a lo que está bien hecho y la estética a que lo hecho sea bonito. Pero la necesidad de explicar en muy poco tiempo conceptos y situaciones complejas nos ha llevado a priorizar la estética en detrimento de la ética. Importa más el cómo que el qué: que lo que publico en redes sociales sea atractivo, me ayude a ganar seguidores o a mejorar mi imagen pesa más que el hecho de que esté pensado, bien argumentado y acorde con mi escala de valores y la de la sociedad en la que vivo.

Nos hemos olvidado, con tanta batalla cultural, de que lo importante es la ética, de que los comportamientos son correctos más allá de la estética y de qué experimentarán mis seguidores cuando lean mi post. Lo grave es que la forma de comportarse en las redes sociales se ha exportado al resto de ámbitos de la vida. Nos hemos contagiado de tantas horas en internet y, cuando estamos con amigos, en familia, pero también en el trabajo directivo, reproducimos los códigos de las redes sociales. Cada vez dedicamos menos tiempo a los que queremos, pero también menos tiempo a pensar el porqué de las cosas y, por supuesto, a reflexionar sobre lo que está bien o mal. Como CEO o directivos, solo pensamos en despachar rápido cada tarea —eso sí, quedando bien— para ir a por la siguiente. Y nos hemos olvidado de que la vida no son posts con reacciones, sino personas con sentimientos.

EGOPOLÍTICA

Cuando un presidente por decreto adelanta la Navidad al uno de octubre o cuando el político más poderoso del mundo presume de que su palabra favorita del diccionario es arancel, es que la *egopolítica* ha llegado para quedarse. Maduro y Trump, salvando las distancias entre el derrocado dictador venezolano y un presidente electo por las urnas, responden a ese término que el CIDOB (centro de investigación en relaciones internacionales con sede en Barcelona) ha popularizado. O, lo que es lo mismo, cuando el narcisismo toma los mandos del poder.

El triunfo del ego no es nuevo; de hecho, en el cóctel de cualquier liderazgo siempre ha habido altas dosis de autoestima. La novedad ahora es que no se compensan ni balancean con voluntad de sacrificio o generosidad, sino que el ego ha secuestrado al carisma del líder. Los ejemplos extienden por todas las disciplinas; no afectan solo a la política con muchos políticos bravucones que ganan elecciones mirándose el ombligo, sino también a muchos CEO que acceden al poder sin escrúpulo alguno o incluso se mantienen pensando únicamente en ellos.

Un presidente que enseña una motosierra en sus apariciones públicas u otro que exige que su pueblo se corte el pelo como él. Javier Milei en una Argentina democrática o el tirano Kim Jong-un en Corea del Norte alardean de un ego desbocado sin pudor alguno. Nada diferente al déspota Putin, que se graba vídeos montando a caballo con el torso desnudo mientras sus tropas mueren en combate; o qué decir del CEO de una compañía aérea que se disfraza de payaso para dar su rueda de prensa de resultados, o el primer ejecutivo de una tecnológica que apareció fumando marihuana. Veremos mucha *egopolítica*, que, aunque tiene las mismas letras que geopolítica, no se parece en nada. La geopolítica que estos años ha marcado la agenda internacional no era otra cosa que el modo en que los Estados usaban la economía como arma de influencia fuera de sus fronteras. El famoso *soft power* acuñado por el profesor Joseph Nye también explica lo anterior, ya que según ese término los países pueden influir en otros sin necesidad de guerras, sino valiéndose de la cultura o la ideología. Pero eso parece ya cosa del pasado, ahora lo que cuenta es el histrionismo.

Viktor Orbán, en plena presidencia húngara de la Unión, visitando una Rusia que amenaza a sus propios socios europeos, o el líder de la ultraizquierda gala, Mélenchon, ganador de las últimas elecciones, apoyando el uso del manto islámico mientras abraza el antisemitismo. Giorgia Meloni, primera ministra italiana que cita personajes de *La historia interminable* en sus mítines a la vez que es capaz de poner mala cara al mismísimo Macron o de presentarse de improviso en la residencia vacacional de Trump. Y qué decir de un presidente chino como Xi Jinping, que tuvo en paradero desconocido al jefe de su diplomacia, pero se pasea por Rusia, Irán o Cuba dando lecciones de pacifismo. La mexicana Claudia Sheinbaum no se queda corta exigiendo disculpas a España por su legado a la vez que quiere que los jueces sean elegidos por el pueblo, sin tener en cuenta sus méritos, solo si son populares.

La *egopolítica* es consustancial al auge de internet como herramienta de conformación de la opinión pública y lo ha contagiado todo. Mensajes impactantes, exabruptos, imágenes sorprendentes o sobreactuaciones triunfan en la red, pero también en las más altas magistraturas del orbe entero. Parece como si la inmediatez de los vídeos cortos o el poder del *clickbait* (contenidos de internet que captan la atención de los usuarios mediante títulos sensacionalistas) hubieran desembocado en la política y en la empresa. Alguien dirá que siempre hubo tabloides o prensa amarilla, que las noticias engañosas no son nuevas e incluso que partidos gamberros se han dado en la historia; sin ir más lejos, en España, con directivos empresariales como Jesús Gil. La diferencia es que hoy todo es amarillo, todo es exabrupto; de la excepción hemos pasado a la norma.

También puede ayudar a entender el fenómeno que un emprendedor como Elon Musk, admirado por sus logros empresariales, haya irrumpido fugazmente en la política pensando que éxitos pasados en los negocios garantizan éxitos futuros en la cosa pública.

La letra de la canción *Malos tiempos para la lírica* es la constatación del contraste entre la belleza de la naturaleza y la cruda y fea realidad. Si en los años ochenta el grupo gallego Golpes Bajos convirtió esta canción en un himno de su generación, al mismo tiempo que lograba poner de moda esa lírica que parecía desfasada, ahora tendremos que cantar con ellos que son malos tiempos para la buena gestión. Precisamente porque a base de repetirlo quizás consigamos que el sentido común, la humildad, el acuerdo y el pragmatismo regresen al liderazgo.

AUDICIÓN FRENTE A VISIÓN

En los manuales de liderazgo, la teoría considerada más completa es la conocida como transformacional. De hecho, es la que ha triunfado y se imparte como la fetén en todos los grados de Administración y Dirección de Empresas a la hora de explicar el jefe perfecto.

Un líder de este tipo se centra en inspirar y motivar a los seguidores para lograr cambios positivos y significativos en su organización. Estos adalides, además, suelen tener carisma, lo que les permite influir y conectar emocionalmente con sus seguidores. Y una característica imprescindible de ese «primer espada» carismático es su capacidad de estimular intelectualmente a sus seguidores con una visión clara y convincente del futuro que desea crear. Esta visión, siempre emocionante y motivadora, actúa como una guía que orienta todas las acciones y decisiones, asegurando que todos los miembros del equipo trabajen hacia un mismo objetivo.

Mucho se ha escrito sobre cómo ha de ser esa visión y todos los planes estratégicos invierten cientos de palabras en explicar la visión de la empresa, da igual los años de vida de la compañía, el sector en el que trabaje o la geografía en la que opere. Siempre visión, visión y visión. Palabra mágica que se ha exportado a todos los liderazgos, de modo que no hay alto representante institucional que no adorne sus intervenciones con un ampuloso desiderátum, ya sea para su territorio o para sus administrados.

Aunque no ocupe los titulares de las lecciones académicas sobre el liderazgo, hay otro sentido del ser humano más allá de la visión que es imprescindible para triunfar en tiempos como los actuales. Quizás el sentido del oído, la audición, es mucho menos audaz y atractivo que la visión, pero me temo que es irrenunciable en estos días.

La visita de las autoridades a una pequeña localidad valenciana apenas unos días después de la tragedia de la DANA me recordó la importancia de saber escuchar, frente a la tendencia unánime de la visión poderosa de las ideas fuerza. El rey Felipe VI, sin hablar, solo escuchando atentamente los lamentos de los vecinos y aguantando estoicamente la rabia de los damnificados, demostró más liderazgo que cualquier mensaje grandilocuente formulado esos días. La empatía de la reina Letizia con el dolor de las víctimas aquel día es infinitamente más poderosa que cualquier anuncio de extraordinarias actuaciones. Audición frente a visión. Pasarán los años y la estampa de los reyes, manchados de barro, cariacontecidos, pero escuchando las cuitas de los paisanos, será la piedra de toque de su liderazgo como cabezas visibles del Estado español.

Hace poco participé en un interesante estudio que merece la pena ser leído por cualquiera que aspire a un liderazgo contemporáneo, sea en la política o en la empresa. Se analizaron durante un año las preferencias informativas de los millones de lectores de los veintitrés diarios de información general, así como su conversación en redes sociales. En total, se estudió el comportamiento de 191 millones de navegadores únicos que vieron 1.592 millones de páginas, a lo que se sumó la escucha especializada en redes sociales, evaluando 133 millones de menciones. Un oído excepcional para saber lo que piensan los españoles. Audición que se antoja indispensable antes de formular cualquier visión.

Pues bien, los temas que más preocupan y por tanto atienden los españoles son aquellos vinculados a su bienestar y progreso, en concreto, temáticas de sanidad, salud, bienestar, empleo y educación. A continuación, todo lo relacionado con ocio, cultura y deporte. Son esas las temáticas que más siguen los lectores en los diarios, pero también en redes sociales. Esas y no otras que ocupan, por desgracia, los discursos de tantos líderes empresariales o políticos obsesionados con visiones fugaces del momento. Qué útil agudizar la audición con la lectura de este panel.

En los textos universitarios sobre el líder perfecto existía otra doctrina que no se destacaba en negrita como la visión carismática y solo se mencionaba como una vieja teoría formulada en un *college* americano poco conocido allá por los años cuarenta del siglo pasado. En la Universidad Estatal de Ohio, los investigadores llegaron a la conclusión de que los CEO con mejor desempeño eran aquellos que escuchaban las preocupaciones de sus seguidores, fomentando un ambiente de apoyo y confianza. Esa conducta de algunos líderes, bautizada como «de consideración», daba lugar a increíbles resultados, incluso mayores que los de aquellos directivos obsesionados con la productividad. Este comportamiento exitoso se basa en prestar atención a las necesidades de los empleados, pero también a las recomendaciones para producir más y mejor.

Por estos lares y con lo que nos está tocando vivir, aunque hayan pasado muchos años, les tendríamos que dar la razón a esos profesores del Medio Oeste americano. Mejor escuchar a las personas antes de ilusionarlas vanamente con vacuas visiones.

MAYESTÁTICOS

«Si no eres parte de la solución, eres parte del problema». Esta frase atribuida a un proverbio chino viene como anillo al dedo para explicar el liderazgo necesario para cualquier CEO. Demasiados problemas a nuestro alrededor como para esperar que otro los resuelva. Erik Brynjolfsson y Andrew McAfee, dos economistas del MIT, describen el fenómeno como el «gran desacoplamiento». Los problemas surgen a mayor velocidad que las soluciones. Por lo tanto, no implicarse en arreglar todo lo malo que tenemos cerca es una forma de hacer que el mal triunfe en sus expresiones de pobreza, violencia o discriminación.

Nos puede ayudar para lo anterior un concepto: el bien común. La idea del bien común tiene una larga historia vinculada a la filosofía. Platón, pero también Aristóteles, usaron el término. Tomás de Aquino lo circunscribe al gobierno de las instituciones, que han de buscar que se «viva de manera buena». Más recientemente, la doctrina social de la Iglesia ha asumido el bien común para conseguir mejores sociedades. Incluso un economista, el austríaco Christian Felber, habla de una «economía del bien común». Yo en estas líneas sugiero entender el bien común como aquel que beneficia simultáneamente a toda la comunidad y a cada uno de sus miembros. Implicarse y no ponerse de perfil, aunque eso no guste a todo el mundo. Un país que crea empleo y genera riqueza es el ideal de bien común. También un CEO con su empresa. Pero no han alcanzado el deseado bien común aquellos territorios o empresas con ingresos, pero mal distribuidos, que poseen una riqueza agregada que beneficia al país, pero que, al ser desigual, no llega a todos los habitantes. No hay bien común si los beneficios y las cargas no se distribuyen justamente.

Quizás me permita el lector un juego de palabras para entender mejor mi receta para un nuevo liderazgo. Hemos de abandonar el «trabajo para ti» por el «trabajo contigo», y eso nos llevará a organizaciones en las que dejen de conjugarse la primera y la segunda forma del singular por la primera del plural. El término mayestático se aplica para definir una forma de ser que podemos calificar también como soberbia o importanciosa, que siempre busca estar por encima de los demás. Las organizaciones mayestáticas, con sus líderes alejados de sus administrados o de sus trabajadores y clientes, han de evolucionar o están abocadas a ser arrastradas por el mundo que viene. Por eso defiendo pasar del «líder mayestático» al «líder del plural mayestático». En la lengua castellana, este plural consiste en hablar de uno mismo usando la primera persona del plural, restándose importancia, eliminado el ego. El español es tan rico que cambia el significado absolutamente: un dirigente mayestático es un nostálgico del absolutismo, del «aquí mando yo», frente a una persona que cuando usa el plural mayestático acredita altas dosis de humildad.

La bicicleta tuvo al navarro Miguel Induráin, ganador de cinco Tours de Francia, campeón en modestia y trabajo en equipo. El tenis, con el añorado Rafael Nadal, ha conseguido que cientos de miles de chicos comprendan que la humildad es parte del secreto del éxito. Ambos deportistas españoles usaban ese plural mayestático cuando, después de sus triunfos en un partido o en una etapa, siempre decían: «Hemos jugado bien» o «Hemos sido capaces de ganar al esprint». Sus triunfos eran individuales, pero el mérito con su forma de hablar se lo otorgaban siempre a un equipo. Exactamente igual que esos CEO de éxito que reparten generosamente la responsabilidad de sus triunfos entre sus colegas huyendo del uso estragante del «yo» de tanto líder ególatra.

Hoy, usar el «nosotros» frente al «yo» es una demostración más de la humildad, la modestia imprescindible para liderar las organizaciones en un nuevo tiempo y, además, un reconocimiento al trabajo de los equipos y, por tanto, un paso de gigante para alcanzar ese deseado bien común. Así de sencillo y así de complejo.

Hay una frase atribuida a Warren Buffett que dice que, cuando el taxista habla de la bolsa, hay que dejar de invertir en el mercado de valores para buscar otras opciones menos populares. Algo similar pasa con las tertulias y muchos opinadores que usan la actualidad económica y empresarial en sus intervenciones, amplificadas por las redes sociales. De este modo, conceptos como la dificultad para atraer talento en Estados Unidos, las ayudas públicas a la pobreza energética en el Reino Unido, la carestía de la financiación en Francia o el auge del cibercrimen en Italia, cuando no el absentismo en España, han acabado en boca de legos en economía, pero hábiles en verborrea.

Si el mago de Omaha abandonaba su cartera de mercados financieros por culpa del taxista inversor, a los CEO no les puede pasar algo similar al escuchar a tanto contertulio y acabar desistiendo de explicar su gestión empresarial. Más bien al contrario. Cuando los asuntos económicos se sitúan en la agenda pública, es una oportunidad que no puede desperdiciarse para lograr una educación social que ayude a la ciudadanía a afrontar mejor las crisis económicas. En el mundo anglosajón lo han llamado *popeconomics*. Es decir, «economía pop» o ese momento en que los temas técnicos de esta disciplina se convierten en tan populares como una canción gracias a la industria del entretenimiento.

Los resultados de las encuestas de educación financiera a la población demuestran el desconocimiento masivo de conceptos tan básicos como que los préstamos han de devolverse o que los intereses crecen con el paso del tiempo si se aplica el tipo compuesto. Recientemente se han incluido las criptomonedas y la mayoría no sabía el riesgo inherente a las mismas. Es por eso mismo, porque la ignorancia avanza con penosas consecuencias, por lo que no hay que desistir en explicar con rigor y sencillez conceptos económicos, en este cuarto de hora de popularidad de la ciencia social.

No es fácil, porque esas tertulias nos recuerdan muchas veces al cuñadismo de los encuentros familiares por esa capacidad de hablar de todo sin saber de nada, pero no hay que perder la esperanza. Unos investigadores bautizaron en los años cincuenta con su nombre, efecto Dunning-Kruger, un experimento que viene al caso. Las opiniones de una persona que no sabe nada de un tema son mucho más abundantes que las de aquella otra que sí sabe algo. Es decir, analizando numerosos datos concluyeron que, conforme más se conoce un tema, menos se opina, porque uno se da cuenta de su estulticia. «La ignorancia genera confianza más frecuentemente que el conocimiento». O, si se prefiere, comenzar a estudiar es comenzar a callar. Solo —decían estos científicos— las opiniones vuelven a emitirse en cantidad cuando se sabe muchísimo de un asunto como para ser situado en la categoría de experto por los demás.

De ahí mi esperanza de que, si la economía y ser CEO se vuelven populares, cuñados y tertulianos tengan que preguntar a la IA un par de veces y empiece a funcionar el efecto Dunning-Kruger, por el bien de todos.

CUIDADO CON LA BRONCEMIA

No sé si conoces esta nueva enfermedad, pero seguro que algunas personas cercanas a ti la padecen. Ojalá que tú no la tengas porque es una patología crónica y, además, degenerativa. Por eso, te animo a que leas con atención estas líneas, porque estás a tiempo de no sufrirla o ayudar a los que ya se han contagiado. Has de saber que la *broncemia* está causada por la acumulación progresiva de bronce en la sangre, que acaba afectando a la personalidad, la mente y hasta la expresión corporal. Es más común en la política y la docencia, pero está muy extendida también entre los directivos empresariales, en los que aparece como una variedad incurable con síntomas muy severos.

La enfermedad tiene sus primeras expresiones con la hipertrofia del ego. Estos pacientes se convierten en pedantes, pierden la capacidad de sonreír y se les olvida hasta saludar por los pasillos. En esta etapa ya existen niveles importantes de bronce en la sangre, pero todavía no hay depósitos en los órganos; sin embargo, se hace fácilmente reconocible para los compañeros de trabajo (y los administrados) que no pueden soportarles.

Siguiendo al mayor estudioso de esta enfermedad, el doctor Nicolás Hernández, la segunda fase de la *broncemia* es la inflamación de la importancia o *importantitis*. El paciente delira casi todo el día y pierde la noción de la realidad porque los depósitos de bronce se han acumulado en todo el cuerpo, comprometiendo el cerebro. La incapacidad de mostrar atención y afecto a nada ni nadie que no sean ellos mismos refleja, a su vez, los depósitos de bronce en el corazón.

Para el doctor Occhiuzzi, la fase terminal de la enfermedad es la *inmortalitis*, en la que todo el organismo ha sido infectado totalmente por los depósitos de ese metal y el paciente no solo se cree una estatua de bronce, sino que se comporta como tal. Siempre pavoneándose y hablando como si fuese a pasar a la historia, un prohombre antes de tiempo. Rígido, brillante y rodeado de una tropa de admiradores.

El doctor Cabrera, catedrático de Cardiología en Madrid, ha preguntado a sus alumnos de la Facultad de Medicina por este mal, porque considera que es la nueva pandemia. Ha retado a los futuros médicos a que encuentren esta enfermedad en los acontecimientos de estos días. Y lo han hecho. Políticos que se dan mucha importancia a sí mismos, pero ninguna a sus votantes. CEO de compañías repletos de afectación que discursean y se van, porque ¿para qué escuchar a sus subordinados? Jefes en el trabajo que no responden los correos, muy ocupados repartiendo tareas que deberían hacer ellos mismos. Colegas que desprecian al que no tiene su nivel jerárquico, como si no fuese el rango algo coyuntural.

Aunque no seamos estudiantes de Medicina, vemos la *broncemia* en los políticos que no escuchan a la calle y esconden sus fracasos con majestuosas puestas en escena y un verbo florido. En los CEO de empresas que cambian equipos para que no les cambien a ellos. En los que se olvidan de tus malos momentos, pero siempre están en los buenos.

Nuestro cardiólogo encuentra en la intoxicación de arrogancia y soberbia la sintomatología evidente de esta dolencia y, por eso, te ruego que la vigiles no solo en los demás, sino en ti mismo. Y que recomiendes su tratamiento urgente con altas dosis de compañerismo, escucha y humildad.

UN EGO DESBOCADO

Abraham Maslow ha pasado a la historia por su famosa pirámide de las necesidades. Este psicólogo dedicó su vida al estudio de la salud mental, aunque donde se hizo archiconocido fue en el ámbito empresarial gracias a su jerarquía de las motivaciones, plasmada en la pirámide que lleva su nombre. La teoría en cuestión defiende que conforme los humanos satisfacemos nuestras necesidades más básicas podemos aspirar a deseos más elevados. Eso explica la motivación tan fuerte que muchos líderes tienen para alcanzar el éxito. En la base de la pirámide se sitúa lo fisiológico (comer o dormir) y a continuación la seguridad, es decir, la garantía de que no vas a morir por un ataque o una enfermedad. En la parte central está la necesidad de afiliación o, lo que es lo mismo, la amistad y el sentirse querido. La cúspide del poliedro alberga las necesidades más vinculadas al ego de las personas: el reconocimiento y la autorrealización. A los humanos, una vez que tenemos todas las necesidades anteriores cubiertas, nos mueve el reconocimiento, tener éxito, ganarnos el respeto de la sociedad. Y la autorrealización, que es el estadio más alto que puede alcanzarse, ya que permite diferenciar lo falso de lo real y así lograr estar satisfecho con uno mismo.

Este ego para la psicología no es algo bueno ni malo, es simplemente cómo nos reconocemos a nosotros mismos. De hecho, seguir la pirámide de Maslow es una fórmula contrastada para crecer profesionalmente. Aspirar a pasar de un estadio a otro de la pirámide es una motivación para cualquier persona y para muchos profesionales. «Quiero ser reconocido» o «aspiro a ser feliz» mueven las carreras de muchas personas de éxito. El ego es por tanto como un caballo en el que te montas y te permite avanzar rápido. Escalas posiciones con menor esfuerzo que el resto y, sin darte cuenta, movido por la confianza en ti mismo y por tus logros, alcanzas la cúspide. Un buen caballo ese ego que te lleva lejos.

Pero Maslow alerta de que, cuando no se consigue la autorrealización, el deseo de reconocimiento por sí mismo, el pensar únicamente en tus deseos o el atosigar con tus cuitas a todo hijo de vecino, solo lleva al disgusto, al cinismo y a la depresión. Es como si el caballo del que hablamos se desbocase. Y es el ego el que marca el ritmo del trote y la dirección. Sin nadie que dirija a ese caballo, sin una correa que embride a ese ego, acaba convirtiéndose en una pesadilla para el jinete y para todo el que está alrededor. Todos reconocemos a ese líder con el ego mal embridado que solamente te habla de su carrera profesional y logros, sin saber nada de la tuya. Ese supuesto amigo que consume horas y horas explicando sus dolencias y no pregunta por tu salud jamás. Esos colegas de trabajo de los que sabes hasta el último detalle de su fin de semana porque, sin duda, fue mejor que el tuyo. Qué decir de esos CEO que solo ven culpables a los demás de su nefasta gestión. Y tantas personas que, movidas por un ego desmadrado, acaban generando problemas a su alrededor por cuestiones meramente personales que deberían arreglar en su intimidad.

En la empresa, urge domar nuestros egos para que nos lleven a la armonía y no al desgobierno que vaticinó Maslow.

CAPÍTULO 4.
RACIONALIDAD

racionalidad

Del lat. *rationalĭtas, -ātis.*

1. f. Cualidad de racional.

   SIN.: razón, lógica, sensatez, juicio, coherencia, cordura.

   ANT.: irracionalidad.

DOS CEREBROS, DE NUEVO

Durante décadas, las empresas y sus CEO han tratado de conquistar el cerebro humano. Entender cómo funcionaba el comportamiento de las personas era la clave para poder venderles bienes y servicios. Los directores comerciales aprendieron cómo atraer la atención de la ciudadanía usando las emociones del ser humano. De hecho, gracias a disciplinas a medio camino entre la economía y la psicología (*behavioral economics*), pioneras compañías con sofisticadas herramientas comerciales conectaban deseos y temores (los descuentos de las rebajas) y hasta despertaban irrefrenables impulsos (la publicidad subliminal en cine o música). Los sesgos cognitivos y la heurística se convirtieron en elementos tan importantes como las vallas publicitarias. De los manuales de gestión empresarial se saltó a la ciencia con el *neuromarketing*, que enseñó a medir qué siente una persona cuando ve un anuncio, cómo reacciona su pupila ante una imagen o qué zonas de su cerebro se activan ante una melodía familiar. Pero todo eso —ese universo de emociones, sesgos y estímulos— pertenece al reino de los humanos.

Hoy, sin embargo, ya no basta con seducir a las personas. Todo lo anterior ha quedado anticuado y ha aparecido un segundo cerebro sobre el que impactar, solo que esta vez ya no es humano. Es imprescindible empezar a seducir también a las máquinas. Porque el nuevo intermediario entre las marcas comerciales de las empresas y los consumidores no es un supercreativo, ni un *influencer*, tampoco la red social de moda: es la inteligencia artificial. Cada día hay millones de personas que creen que están en un buscador clásico de internet, pero en realidad están preguntando a aplicaciones de IA sin darse cuenta. Piden recomendaciones, consejos, comparativas en un entorno conversacional. Y esas respuestas, que moldean decisiones reales de compra, ya no las genera un amigo, un antiguo cliente o siquiera un editor humano o un algoritmo clásico, sino un cerebro artificial que interpreta, clasifica y prioriza contenidos a su manera.

Y ahí reside el cambio de paradigma: las máquinas no sienten. No se conmueven ante un *spot* emotivo ni se inspiran con una historia de superación. No entienden la ironía, la sutileza o el humor como nosotros. Donde nosotros vemos belleza, ellas ven patrones; donde nosotros sentimos emoción, ellas reconocen vectores y correlaciones. Por eso, lo que antes era suficiente —una gran idea, un eslogan brillante, una ejecución impecable— puede ya no serlo si el cerebro artificial no es capaz de leerlo, entenderlo o considerarlo relevante dentro de su propio lenguaje.

Esa es la nueva frontera para las empresas que quieren seguir vendiendo: desaprender lo aprendido. Durante muchos años, los CEO y sus directivos de ventas han sido expertos en conquistar mentes a través de las emociones. Ahora deben aprender a influir en dos cerebros: el humano, con el que se seguirá conversando de una manera natural, y el artificial, que decide ya qué parte de esa conversación llega realmente al otro lado. Ese nuevo cerebro en el que impactar es la IA y determina la reputación de una empresa y, lo que es más importante, el agente que acaba recomendando una opción de compra u otra. Ya no solo importa qué dicen las empresas a su público, sino cómo lo entienden las máquinas que median entre los que ofrecen un bien y el gran público. En otras palabras: hay que hablarle en su idioma a la IA, ese traductor invisible que filtra nuestro mensaje antes de que llegue al receptor.

Para influir en esa mente artificial, lo primero que deben hacer los directivos es un proceso similar al que tuvieron que hacer nuestros antepasados primates hace miles de años. Entonces lo increíble fue migrar del cerebro reptiliano al racional, de los impulsos innatos a la lógica. Ese paulatino proceso hizo que los *Homo sapiens* acabasen abandonando prácticamente los instintos por el sentido común. Hoy seguimos teniendo ese cerebro que nos alerta, sin darnos cuenta, de los peligros, pero convive con el cerebro de la lógica. Por eso, a medio plazo el cerebro de la IA, una suerte de cerebro extendido, coexistirá con el humano de las emociones. En la vida cotidiana y también en la empresarial.

Pero este proceso no se gana con un esprint. Las herramientas tecnológicas evolucionan, cambian sus modelos, actualizan sus fuentes. Por eso, las empresas deben aprender a monitorizar su presencia en los dos cerebros, el humano y el artificial, con la misma constancia con la que miden ratios financieras o la satisfacción del cliente. Trabajar para ambos exige consistencia y recurrencia, porque lo que la IA sabe de la empresa hoy puede no ser lo que diga mañana. La visibilidad del futuro de las compañías no dependerá solo de aparecer o estar, sino de mantenerse relevante en los dos planos de la percepción.

Los CEO que primero comprendan esto tendrán una ventaja decisiva. Porque mientras unas empresas seguirán afinando estrategias para emocionar a personas, otras estarán construyendo planes para posicionarse en la mente artificial que las presenta, las resume y las recomienda. Un nuevo tipo de influencia —callada, técnica, invisible—, pero cada vez más determinante. El futuro de las empresas no será solo emocional o racional: tendrá que apelar a los dos cerebros. Uno de ellos sigue latiendo, el otro calcula. Y los dos, juntos, deciden. Igual que hace millones de años.

ATARSE AL MÁSTIL

La historia tiene casi tres mil años, pero sigue siendo actual. La *Odisea* sería hoy una novela de aventuras, aunque está escrita por Homero como un poema épico ambientado en la Grecia del siglo XII antes de Cristo. Cuenta las hazañas de Ulises para poder regresar a la isla de Ítaca junto a su mujer y su hijo, después de tener que huir por la guerra de Troya. Son diez años de peligros, de éxitos y fracasos. Ulises navega en un barco por el Mediterráneo afrontando amenazas de las que no siempre sale triunfante y que le llevan incluso a naufragar o a perder gran parte de su tripulación: una isla en la que al comer una planta se pierde la memoria, otra en la que habita un monstruo cíclope, un mar con vientos ingobernables, engendros marinos de seis cabezas, remolinos gigantes y un rayo de sol que hunde su nave.

Pero uno de los episodios más emblemáticos es el del canto de las sirenas. Las sirenas eran criaturas mitológicas que vivían en una isla y cantaban melodías tan bellas que los marineros, al escucharlas, perdían el juicio, estrellaban sus barcos contra las rocas y morían. Ulises, advertido por una maga de esta situación, decide encarar el peligro con su propia estrategia: ordena a sus hombres que se tapen los oídos con cera para no escuchar el canto y les pide que lo aten al mástil del barco. Les prohíbe soltarlo de las ataduras, por mucho que él lo suplique. Y así ocurre. Cuando el barco se acerca a la isla de las sirenas, nuestro protagonista escucha el canto: promesas de sabiduría infinita, de gloria, de conocimiento absoluto. Se desespera, grita, suplica que lo liberen. Sus hombres, fieles a las instrucciones recibidas, lo mantienen atado. Así, el barco sigue su curso sin hundirse y, cuando el canto se desvanece, la tripulación —incluido Ulises— recupera la calma. Ha vencido la tentación no por su fortaleza, sino por conocer su debilidad y asumirla como tal.

Este episodio de la *Odisea* es mucho más que una anécdota mitológica. Es una enseñanza que cualquier CEO debe tener presente para afrontar un desempeño repleto de incertidumbres. Ulises sabe que no puede confiar en su fuerza de voluntad, al mismo tiempo que no tiene duda alguna del peligro de las sirenas. No sobrestima sus capacidades ni subestima los riesgos. Y por ello diseña un sistema sencillo e invencible: atarse al mástil.

No son pocos los riesgos que ahora tenemos que encarar y muchas veces los minusvaloramos porque lo que vale es el fin y no los medios. Un atajo para conseguir los resultados comprometidos, un truco contable para alcanzar indicadores del ejercicio, ahorros en servicios necesarios para cuadrar objetivos, posponer inversiones para maquillar pérdidas, hasta bordear la ley para conseguir ese importante contrato o falsear currículos o experiencia para cumplir con determinados requerimientos.

También nos creemos más fuertes de lo que somos y pensamos que nosotros no caeremos ante las tentaciones del momento, como la adulación gratuita, el egocentrismo de las redes sociales, la autosuficiencia del líder o la soberbia del poder.

No hay que viajar en el tiempo miles de años ni al mar Egeo para ver ejemplos de lo anterior también en nuestro entorno. Directivos que incumplen las normas que ellos mismos se han impuesto, jefes que hacen lo contrario de lo que exigen a sus subordinados, ejecutivos soberbios y maleducados con todos menos con los de arriba o líderes que falsean sus biografías para presumir de lo que no son. Pero también CEO que no preparan sus intervenciones, portavoces que balbucean respuestas incongruentes o consejeros delegados con incontinencia verbal cuando lo que toca es escuchar y estar callado. Atarse al mástil no solo sirvió a Ulises para salir vivo en el mar Tirreno del peligro de las sirenas, sino que hoy es igualmente útil para afrontar una crisis empresarial con inteligencia o cada uno de los habituales momentos de la verdad a los que se enfrenta un directivo en su quehacer diario. Atarse al mástil ante preguntas incómodas o frente a impulsos irracionales y, por supuesto, para frenar la vanidad del éxito.

La *Odisea* termina con Ulises recuperando a su familia en Ítaca. Aunque el verdadero triunfo, en mi opinión, fue mucho antes, en el momento en que asumió su condición débil y se ató al mástil, porque era más fuerte la soga que su voluntad, y eso le permitió salvar la vida. En ocasiones el mayor acto de inteligencia es no creer que eres tan inteligente. Y en el desempeño empresarial, más todavía.

EL EFECTO PÉNDULO

No hace falta desempolvar un manual de cuando estudiabas bachillerato para recordar que un péndulo puede ser cualquier objeto colgado de un hilo que con un movimiento oscila de un lado a otro. La ley física que lo explica está basada en la gravedad y Newton lo resumió con su famosa máxima: para cada acción, hay una reacción igual y opuesta.

El movimiento del péndulo se usa en los relojes que estaban en los salones de nuestros abuelos o en esos aparatos, los metrónomos, que usan los pianistas para seguir el compás y, aunque no lo sepas, también en los móviles de hoy en día para contar pasos o girar la pantalla. Pero lo más actual no es la aplicación a los *smartphones* de este principio de la física que Galileo Galilei estudió hace cinco siglos. El efecto péndulo permite explicar perfectamente la conducta de una gran mayoría de personas de nuestro tiempo. Comportamientos generalmente extremos que tienen impacto en la empresa, en la política y en las relaciones sociales. Los psicólogos lo están estudiando y han llegado a la conclusión de que las personas, cuando están ancladas en un comportamiento radical que quieren abandonar, necesitan explorar el lado contrario. Sin embargo, este cambio no se produce, por desgracia, de manera paulatina, sino que es pendular, yéndose estas personas, por tanto, de un polo a justo el contrario.

En el ámbito económico se observa en las políticas fiscales y monetarias. En tiempos de crisis, las autoridades recurren a medidas de estímulo agresivas, como la inyección de dinero con bajos tipos de interés o la reducción de impuestos, para fomentar el crecimiento y el consumo. Sin embargo, una vez superada la crisis, optan por drásticas medidas en la dirección opuesta, como el aumento de las tasas de interés o los recortes en el gasto público, con el fin de controlar la inflación y reducir la deuda.

Lo estamos viendo también con las políticas medioambientales, en las que se ha pasado de una superproducción normativa de leyes ecologistas al momento actual de frenazo en seco. Por no hablar del control de las redes sociales con la verificación de datos, que hasta hace poco era toda una censura previa para ahora haberse eliminado y dejar que reine la ley del más fuerte en las plataformas sociales. En el terreno político, el péndulo se manifiesta en la alternancia entre gobiernos de derecha e izquierda. Lo hemos vivido en España y en Estados Unidos: un partido llega al poder e implementa inmediatamente políticas que buscan revertir las medidas de sus predecesores. Da igual que sean buenas o malas.

Nada que no se vea en nuestro ámbito más cercano, como ese familiar conocido por sus excesos que ahora se acuesta a las diez para correr maratones y hacer ayuno, o ese amigo que defendía la vida ordenada y familiar hasta que un cambio de estado civil le lleva a prácticamente vivir en los bares de copas.

Por eso, frente a la vieja ley del péndulo me atrevo a recomendar que, si quieres ser CEO, te quedes con Aristóteles y su también antigua defensa de que en el punto medio está la virtud. No es fácil porque la fuerza de gravedad es potente, pero se trata de hacer un esfuerzo e intentarlo.

MI BURBUJA

El sesgo de confirmación es una de las trampas mentales que explico a mis alumnos de la asignatura de Dirección de Empresas para que conozcan la complejidad del proceso de toma de decisiones que sigue cualquier directivo. La lógica, la experiencia y los datos definen este proceso, pero también los fallos de la mente. De todos los prejuicios cognitivos a los que un consejero delegado está sometido, la trampa de la confirmación es uno de los más habituales, aunque no por ello el más conocido.

El sesgo del que hablo lleva a que, cuando un CEO ejerce como tal, y por tanto fija objetivos y hace seguimiento de los resultados, sin darse cuenta lo padece a la hora de analizar información. Y eso es así porque busca, interpreta, recuerda y por tanto prioriza de manera innata la información que confirma sus propias creencias. Pero no solo eso, además otorga menos consideración a posibles alternativas de información que contradigan su propia hipótesis de partida. Esta trampa mental no es otra cosa que la tendencia de los humanos a buscar información que respalde los puntos de vista que ya tenemos. También nos lleva a interpretar todo tipo de evidencias de manera que apoyen lo que pensamos.

Nos pasa a todos nosotros todos los días. Con la política por supuesto, pero también con el deporte o con la música. Por eso no damos crédito cuando perdemos el campeonato teniendo la mejor defensa o nuestro cantante preferido no es un superventas si llena sus conciertos. A los abuelos les sucede con sus nietos que siempre son superdotados por su precocidad para andar o hablar, aunque luego la vida les ponga en su sitio. Interpretamos datos irremediablemente a nuestro favor.

Y cada vez más. Los algoritmos de internet, que nacieron para mejorar la experiencia de usuario, para que así recibiéramos mensajes adecuados a nuestras preferencias, han acentuado este sesgo y nos aíslan cada vez más de los que no piensan como nosotros. En nuestras redes sociales solamente aparecen vídeos de lo que nos gusta u opiniones afines, y no hay sugerencia para seguir a nadie que no se parezca muchísimo a nosotros mismos. Y ahora la IA, que nos responde siempre a lo que queremos porque está diseñada para no quedarse callada.

El problema es que esta trampa mental también nos afecta más allá de la vida personal y ha desembarcado en el desempeño profesional. De esta manera, las empresas y sus CEO empiezan a sufrir también el sesgo de confirmación. Compañías que maltratan a los séniors cuando su clientela lo es, pero sus empleados no. Marcas que hacen política porque sus primeros ejecutivos piensan así, olvidando la pluralidad de sus seguidores y usuarios. Directivos encerrados en sus despachos y coches de empresa que confunden sus necesidades con las del público al que se supone que sirven... por no hablar de tantas campañas de publicidad que solamente gustan al primer accionista.

Las empresas deben estar constantemente alineadas con las conversaciones sociales más relevantes para su audiencia. Sin embargo, identificar y entender los temas clave donde una marca debe posicionarse está cada vez más expuesto a los sesgos de la alta dirección y de sus propios empleados. La buena noticia es que esa misma tecnología que polariza también permite un fiable mapeo de territorios de la conversación social. Es decir, que gracias a la huella digital se puede, con altas dosis de fiabilidad, saber lo que quieren o piensan los grupos de interés claves. No hay excusa, por tanto, para que los CEO superen estos errores cognitivos, identifiquen las temáticas adecuadas para diferenciarse y de paso eviten tantos riesgos causados por vivir en una burbuja. Racionalidad.

MEJOR CAMELLOS QUE UNICORNIOS

En los últimos diez años, las grandes corporaciones y los inversores suspiraban por las empresas apodadas como unicornios. Uber, Airbnb y OpenAI, y por nuestros lares Cabify y Glovo, eran los objetos de deseo. Una *rara avis* de compañía que consigue en los tres primeros años de vida una capitalización global superior a mil millones de dólares. Como en el mito del unicornio (un caballo con un cuerno en la frente que a quien lo poseía le permitía alcanzar la inmortalidad), el dinero buscaba con fruición ese animal entre las *start-ups* de medio planeta. Pero eso ha pasado a la historia. Los unicornios han abandonado definitivamente los manuales de empresa para volver a los libros de ciencia ficción.

Desde hace dos años, apenas han surgido unicornios en el panorama empresarial, entre otras cosas porque la coyuntura es más volátil y el dinero más pacato y huye del riesgo. Tampoco ha ayudado la burbuja de valoraciones de esas empresas incipientes que finalmente fueron un fiasco, como WeWork o Peloton. Pero, sobre todo, porque las grandes empresas han ocupado con su músculo financiero y de innovación el espacio que hace solamente un lustro quedaba libre para los emprendedores.

Ahora los inversores buscan ingresos más estables, certezas, aunque los crecimientos no sean tan explosivos como los de los unicornios. Se ha dejado de confiar en el carácter milagroso de esa fantasiosa cornamenta, al igual que los poderosos de antaño se dieron cuenta de lo absurdo de beber pociones para alcanzar la vida eterna hechas con el cuerno de un animal que solo existía en la imaginación de los juglares.

Lanzadera, la herramienta de Juan Roig y Mercadona para detectar las innovaciones del futuro y principal incubadora de empresas en España, lo ha dicho alto y claro: «Viene una época de camellos ante la escasez de unicornios». Esto no supone que se hayan extinguido los unicornios; simplemente quiere decir que todo fue una fantasía. En realidad, nunca existieron y lo que se ha esfumado con ellos es una época. Unos años en los que quisimos creer en *start-ups* mitológicas con sus múltiplos exponenciales y su potencia multiplicadora. Y obviamos lo que teníamos alrededor, empresas solventes que todos los años ganaban dinero, aunque no tuviesen el adjetivo de disruptivas ni ROE (*return on equity*, por sus siglas en inglés) de hasta tres dígitos.

Los camellos con su joroba, su sucio color y su gesto indolente no pueden competir con la belleza del unicornio, un joven y aguerrido caballo con brillante cuerno que sale de su cabeza, en la que también caben unos hermosos ojos azules. El capital riesgo y las grandes empresas se dejaron seducir por una quimera y ahora han vuelto prosaicamente a mirar a su alrededor. ¿Qué especie sobrevive en las peores condiciones? ¿Y qué empresas mantienen su actividad con independencia de la coyuntura? Son dos preguntas que se responden con la misma palabra: camello, un animal diseñado para sobrevivir sin comida ni agua durante meses, para ahorrar la energía necesaria para andar y cargar sin descanso.

Las empresas camello que ahora se buscan son aquellas nacidas para sobrevivir. Equilibran el crecimiento y el flujo de caja. Son capaces de sobreponerse a los mercados de capitales desérticos, donde la financiación es escasa y solo se puede subsistir con fondos propios.

Son compañías austeras con los recursos medidos para funcionar y por tanto con escasa necesidad de financiación frente a los unicornios, que necesitan miles de litros de agua —una inyección constante de fondos— para lograr la ansiada escalabilidad. Esos unicornios gastan siempre más dinero del que ganan para poder desarrollar, se supone, increíbles servicios que les harán multimillonarios. Los camellos ahorran siempre esfuerzos y también agua para no dejar de contar con reservas, al igual que las empresas del mismo nombre, que desde el minuto uno tienen beneficios.

Las empresas unicornio priorizan el crecimiento sobre la rentabilidad, lo que las aboca a la financiación continua del capital riesgo para no morir y a una peligrosa dicotomía: el éxito o la ruina. Las empresas camello tienen objetivos menos glamurosos, como administrar costes y mantener el empleo, pero se mantienen en el tiempo siempre con EBITDA positivos.

Los inversores se han despertado de una especie de embrujo que permitía hacerse rico invirtiendo en empresas que solo eran un dosier que lo aguantaba todo por el mero hecho de ser catalogadas como candidatas a unicornio. Ahora, al haber cesado el influjo, hay que volver a la realidad, a los camellos: empresas que ganan dinero solucionando problemas a sus clientes y solo sobreviven si gastan menos de lo que ingresan.

LA NAVAJA DE OCKHAM

Merece la pena conocer este principio aplicado en economía que se resume en que, en igualdad de condiciones, la explicación más simple suele ser la más probable. La leyenda cuenta que en el siglo XIV el fraile inglés Guillermo de Ockham adquirió fama por su obra teológica basada en la sencillez. Así se hizo popular la metáfora de que sus ideas eran como una navaja que afeitaba la barba de Platón: la sencillez recorta la complejidad. Las fáciles lecciones de Ockham podían con la complejidad de la filosofía griega. Así ha pasado a la historia esta expresión.

Siempre que puedo, me abono a la teoría de «la navaja de Ockham», y por ello, en el caso de dos eventuales soluciones a un problema, la más simple es más probable que sea correcta frente a la alambicada.

Encontrar una solución al problema de la vivienda en nuestro país se ha convertido en lo más parecido a finalizar el sudoku más complicado. Por eso quizás le inspire a algún CEO —o aspirante a serlo— para usar la simplicidad a la hora de tomar decisiones. Un mercado con millones de demandantes y muchos menos oferentes, con tres actores públicos como gobierno central, comunidades autónomas y ayuntamientos con competencias para actuar. La demanda no baja porque se sigue necesitando un lugar donde vivir; los precios se disparan, tanto de alquiler como de compra, simplemente porque hay muchas personas que quieren la misma casa y se la lleva el que más paga. Ante este panorama surge la diatriba. Hacer más casas u obligar a los que tienen ya una a que la alquilen o la vendan a un precio asequible para esa mayoría que no puede pagársela.

La navaja de Ockham nos recuerda que siempre gana la sencillez. Crear más viviendas hará que el exceso de demanda se reduzca y, por tanto, los precios bajen. Bastaría con facilitar que se construyan más viviendas. Con un número amplio de casas en el mercado no es necesario topar precios, tampoco gravar las casas vacías ni mucho menos poner en cuestión el principio sagrado de la propiedad.

La vida de un consejero delegado está llena de decisiones que tomar. Todos los días y a todas las horas. A quién contratar o a quién despedir. Qué producto promover o cuál otro retirar. Elegir la mejor campaña de publicidad o el mejor banco para financiarse. En qué partidas ahorrar o qué mercados priorizar. Cerrar negocios o crecer en otros. Escoger un proveedor entre los mejores o ascender a un colega. Responder al *headhunter* o cogerse vacaciones. Los manuales de gestión empresarial explican que para evitar que los CEO mueran en el intento de tomar todas y cada una de las decisiones, las empresas disponen de políticas, procedimientos y reglas que facilitan lo anterior. Es decir, cuando las decisiones son repetitivas o habituales, aparecen las políticas empresariales o pautas con parámetros concretos que ayudan a elegir (por ejemplo, la edad de jubilación para los directivos), los procedimientos o pasos secuenciales para responder a un problema (un caso sería el establecimiento de un sistema de reembolso de gastos) y las reglas o declaraciones explícitas de lo que puede o no hacer un empleado (la obligatoriedad del uso de casco en una obra es un ejemplo).

También la psicología empresarial da a la experiencia un papel relevante, es decir, que muchas decisiones las toma el CEO sin pensar apenas, como espontáneamente (decisiones aparentemente intuitivas), cuando en realidad están basadas en situaciones que ya ha vivido, experiencias pasadas que el CEO ha somatizado y que le llevan a responder casi sin pensar. En todos estos casos subyace una misma idea: ante una duda en la empresa, la respuesta más sencilla suele ser la más acertada y racional. Por eso, merece la pena no olvidar la famosa navaja de Ockham.

CAPÍTULO 5.
COMUNICACIÓN

comunicación

Del lat. *communicatio, -ōnis.*

1. f. Acción y efecto de comunicar o comunicarse.

   ANT.: incomunicación.

2. f. Trato, correspondencia entre dos o más personas.

   SIN.: trato, correspondencia, relación, intercambio, conexión.

   ANT.: incomunicación.

3. f. Transmisión de señales mediante un código común al emisor y al receptor.

4. f. Unión que se establece entre ciertas cosas, tales como mares, pueblos, casas o habitaciones, mediante pasos, crujías, escaleras, vías, canales, cables y otros recursos.

   SIN.: enlace, unión, conexión, correspondencia.

   ANT.: aislamiento.

5.　f. Medio que permite que haya comunicación (‖ unión) entre ciertas cosas.

6.　f. Papel escrito en que se comunica algo oficialmente.

SIN.: comunicado, notificación, misiva, mensaje, oficio, nota, escrito, telegrama, circular, aviso, saluda.

7.　f. Escrito sobre un tema determinado que el autor presenta a un congreso o reunión de especialistas para su conocimiento y discusión.

8.　f. Ret. Petición del parecer por parte de la persona que habla a aquella o aquellas a quienes se dirige, amigas o contrarias, manifestándose convencida de que no puede ser distinto del suyo propio.

9.　f. pl. Correos, telégrafos, teléfonos, etc.

SIN.: correo, teléfono, transporte, telégrafo.

EL DISCURSO DEL ASCENSOR

Por estos lares, las conversaciones de ascensor son charlas intrascendentes sobre el tiempo atmosférico para ocupar silencios incómodos en un reducido espacio. Pero poco a poco y por la influencia americana, el discurso del ascensor ha pasado a ser una forma de captar la atención que haga posible seguir hablando cuando se acabe el trayecto. Es curioso, aquí esas palabras cruzadas en el ascensor son irrelevantes y, en países con una mayor tradición emprendedora, una oportunidad que puede cambiar el destino. Cuánto que aprender.

No hay unanimidad al respecto de cuándo empezó a usarse el término de discurso del ascensor como técnica de persuasión en el mundo empresarial. Algunos hablan de Nueva York en los años noventa, con trabajadores que eran incapaces de hablar con sus jefes para transmitirles sugerencias o nuevos proyectos. La ocupada agenda de esos directivos, o simplemente la pereza por la cita con el empleadillo, hacía que la reunión para conocer las propuestas del subalterno de turno nunca llegase a producirse. Hasta que un día, no se sabe si por un encuentro fortuito o buscado por el avispado empleado, coincidió en el ascensor con el CEO. En ese momento, el meritorio aprovechó los escasos segundos de una planta a otra para lanzarle la idea. Por supuesto, lo hizo de una manera rápida y lo suficientemente atractiva para despertar la atención del jefazo, y este acabó dándole una cita para conocer mejor esa brillante ocurrencia.

Otra teoría sitúa en el cambio de siglo, con el auge de las empresas tecnológicas en Silicon Valley, el éxito de este discurso como una herramienta comercial. En el *boom* de internet, la competencia por conseguir inversión de los fondos era feroz. Los mejores talentos del planeta competían por conseguir levantar fondos para sus *start-ups*. Se cuenta que los emprendedores, desesperados por captar la atención de inversores extremadamente solicitados, los emboscaban literalmente en los ascensores de sus oficinas en Sand Hill Road, conocida como el epicentro del capital riesgo. Da igual si era en un ascensor, la cola del supermercado, la barra de un bar o el gimnasio, la probabilidad de coincidir un inversor con un emprendedor era altísima en ese valle entre San José, Cupertino y Palo Alto. En esos fugaces encuentros, de no más de treinta segundos, el emprendedor tenía una irrepetible oportunidad para soltar su idea. Si no lograba generar interés antes de que se abrieran las puertas del ascensor o el inversor se fuese con su cerveza, perdía la oportunidad de financiación y de que cambiase su vida. Por eso, además de agudizar el ingenio para encontrar un gancho con el que llamar la atención, había que ensayar mucho esa presentación para que, cuando el encuentro se produjera, el discurso fluyera como si fuese espontáneo. De este modo, el discurso del ascensor llegó a convertirse en todo un rito de iniciación. No se trataba solo de una técnica de ventas, sino de una prueba de fuego; si no podías explicar tu modelo de negocio de forma sencilla y rápida, los inversores asumían que no tenías las ideas claras o que tu proyecto era demasiado complejo para ser rentable. Y era mejor que te dedicases a otra cosa o cogieses el billete de vuelta a tu casa.

Ahora sigue siendo aplicable, por mucho que estemos a 10.000 kilómetros de distancia de Silicon Valley o no seamos emprendedores ni busquemos financiación para una idea de negocio. Saber presentarse de forma breve y recordable, tener la habilidad para contar de manera concisa y atractiva a qué se dedica tu empresa, es algo que siempre vendrá bien. Da igual que estés recién llegado a la empresa, seas CEO, quieras ascender o cambiar de trabajo; incluso si estás buscando empleo, es indispensable saber venderte. Y además cumpliendo la regla de las tres eses: *short, sweet* y *sexy*. Cuenta tu idea en corto tiempo, con conceptos fáciles y atractivos. Si preparas tu presentación —insisto, personal o profesional— siguiendo esa regla y ensayas lo suficiente, tus objetivos estarán más cerca.

Para colmo, la tecnología ha hecho que los ascensores cada vez sean más rápidos o, si se prefiere, el tiempo de atención ha disminuido. Se habla ya de que a los seis segundos perdemos el interés, cuando hace unas décadas se medía en minutos. Las redes sociales y el *scroll* infinito nos han llevado a ser tan poco pacientes.

También los elevadores llevan cada vez a más gente que competirá contigo. Es lo que en comunicación se llama ruido: tendrás muchas dificultades para que tu mensaje llegue al receptor. La conocida como *infoxicación*, neologismo que une las palabras información e intoxicación, explica muy bien que competimos no solo con candidatos que lo harán mejor que nosotros, sino con propuestas que llegan a nuestro prescriptor por multitud de medios. Hace apenas unos años las únicas vías de contacto eran físicas, una entrevista o un dosier; ahora son incontables gracias a la hiperconexión que todos tenemos. No pienses solo en redes sociales, sino en aplicaciones para comunicarte o en las plataformas de entretenimiento. Por eso urge tener nuestro discurso del ascensor. Pensarlo, escribirlo y ensayarlo. Ya sé que suena ridículo o incluso que piensas que tú no lo necesitas porque ya eres CEO. No te equivoques, todos tenemos que ser capaces de sintetizar nuestras ideas, un currículo o la historia de tu empresa. En la era de la hiperconectividad, o te molestas en resumir de manera atractiva lo que te importa y comienzas a contarlo en ascensores y en donde estés, o te quedarás por debajo del umbral de atención. Serás invisible. Y eso no es ningún superpoder, es la irrelevancia.

GANAR EL RELATO

No importa la realidad, importa lo que parece. Los países, los partidos políticos, las empresas y también las personas estamos en ello. Da igual si mi vida es miserable si en las redes sociales parece glamurosa. Empresas que hacen coincidir despidos de miles de trabajadores con anuncios de inversiones millonarias. Por no hablar de países con destinos turísticos infestados de visitantes que patrocinan espacios con audiencias globales en las que aparecen esas mismas localizaciones idílicas y solitarias.

Hay que ganar el relato. Imponer una narrativa —coincida o no con los hechos objetivos— para que la opinión pública la acepte como la verdad predominante. La expresión se ha hecho conocida a base de ser repetida por no pocos asesores políticos en tertulias y libros de bolsillo. Es el nuevo concepto comodín. Vale, por supuesto, para la política y los líderes del momento son los mejores ejemplos. Trump ha conseguido que se le identifique con la defensa del americano medio frente a las élites. Putin lucha por que vuelva la grandeza de la Gran Rusia ante las agresiones de siempre desde Occidente. Xi Jinping ahora es el adalid del multilateralismo, del libre comercio y de la globalización, logrando que hayamos olvidado que es un cruel dictador. Pero también sirve para conseguir ese ascenso que ansías, «tienes que venderte mejor», o arrasar con las zapatillas de última moda, «no eres nadie si no usas el calzado con el logo del momento».

A pesar de que los gurús de la consultoría política hablen del relato como si hubieran descubierto la pólvora, el concepto es viejo, muy viejo, y se pierde en la historia. Antes de que se inventara la escritura, la humanidad tenía la tradición oral, historias que se contaban de padres a hijos. Relatos siempre épicos, recordables y con enseñanzas para sobrevivir. Hasta que llegó la imprenta y pudo popularizarse la literatura, los juglares como cuentacuentos profesionales construyeron en la mente de los humanos de cada época un relato de su tiempo. De ahí a los exitosos libros de caballerías, viajes, guerras y aventuras, que desde hace décadas son películas y en los últimos años series de televisión. Siempre historias que narran gestas memorables, igual que ahora nos devanamos los sesos para poner en redes sociales la mejor foto, el ocurrente comentario o el más original exabrupto para así conectar con la audiencia.

Antes de que alguno empiece a hacerse cruces por la época en la que vivimos, que ya no se sabe si algo es verdad o mentira o si este relativismo acabará con nuestra civilización, es preciso recordar que siempre ha sido así. La épica del momento, esa pasión con la que nos tomamos cualquier asunto y la obsesión por defender nuestro punto de vista frente al del otro, se pierde en los anales de la historia.

La leyenda negra española o el carácter creativo de los italianos, por no hablar de la superioridad en los negocios de los anglosajones, son ejemplos inapelables de imposiciones de relatos. De hecho, el término que tanto usamos ahora, lo épico, proviene de la palabra griega *epos*, 'relato' en nuestro idioma. Siempre como humanos hemos querido trasladar nuestra visión del mundo con historias que nos trascendieran. Por tanto, tranquilidad, que así seguimos.

UNA DIETA PARA LA ERA TRUMP

En plena resaca de la segunda victoria de Donald Trump, los mandatarios europeos se reunieron en Budapest para tratar el futuro de su comunidad política. Como anfitrión estaba el presidente húngaro, Viktor

Orbán, quien se jactó de haber brindado con vodka por el resultado de las elecciones americanas ante una audiencia todavía frotándose los ojos por la vuelta del empresario a la Casa Blanca.

En el salón del palacio de congresos, además de los políticos y sus asesores, un gran elefante en la habitación ocupaba todo el espacio de la reunión: qué pasará con la guerra de Ucrania y por tanto con la ofensiva rusa en Europa. Tras mucho discurso protocolario y abrazos a un descompuesto Zelenski, subió a la tribuna Emmanuel Macron. Defendió que no se puede delegar la seguridad continental en los estadounidenses. El presidente de Francia también se preguntó si queremos leer la historia escrita por otros o queremos escribirla. Él mismo se respondió diciendo que como europeos tenemos la fuerza para escribirla, pero para eso es preciso actuar y defender nuestros intereses desde la autonomía estratégica.

Entonces, para explicar mejor lo que quería decir y que le entendiese hasta el último vecino, catalogó a los europeos como herbívoros en un mundo de carnívoros. Una dieta de la que hemos presumido en los últimos tiempos en la Unión Europea, con nuestras legislaciones medioambientales y otras regulaciones para defender los derechos humanos que nos hacen ser los más buenos del planeta, pero no los más competitivos. La frase que ha hecho fortuna resume el momento: «Estados Unidos inventa, China produce y Europa legisla».

Pero es que vivimos una época en la cual a los que se alimentan de proteínas y chuletones, cada día se les ve más musculados y más fuertes sus industrias o sus ejércitos. Y ahora, para colmo, un hipercarnívoro como Trump lidera el país más rico del mundo; la era del solomillo ya está aquí con los aranceles, los muros a la inmigración y los amigotes populistas. Nada que no hayamos visto estos años con China o Rusia y su «dieta paleo», que se inspira en la alimentación de nuestros ancestros cazadores y recolectores. ¿Acaso la dependencia europea del gas ruso o de las importaciones chinas no convertía a esos países en auténticos depredadores/cazadores? ¿O es que el desembarco de baratos productos chinos por estas latitudes no era más que una forma de recolectar y llevarse a su país los beneficios, machacando nuestra industria, que sí cumple las legislaciones «veganas» que esos «carnívoros» se saltan sistemáticamente?

Por eso Macron, ante la sorpresa del proteico Orbán, defendió que los europeos tenemos que ser omnívoros. Si no, nuestro vergel europeo de bienestar y verduras en la dieta será devorado por los fortísimos carnívoros, que cada vez son más imparables. Las empresas europeas han de contar con el apoyo de una Europa omnívora que sepa jugar en todos los campos, que tenga una dieta equilibrada que les permita tener fuerza para crecer y nutrientes para afrontar las crisis económicas o incluso bélicas que están por llegar.

EL ZORRO Y EL ERIZO

La entrega de los premios de la Fundación Princesa de Asturias suele ser todo elegancia, desde la puesta en escena del majestuoso teatro Campoamor en Oviedo, con los delicados terciopelos azules tan asturianos, al vibrante sonido de las gaitas, pasando por la solemnidad de la familia real y especialmente por los méritos de las biografías de los galardonados, jalonadas de esfuerzo, valentía y talento. Las biografías de los premiados suenan siempre como la esperanza que tanto necesitamos y que defiende desde hace unos años la princesa Leonor en su discurso.

Aquel año fue premiado Michael Ignatieff, por su defensa de las libertades frente a los nacionalismos excluyentes, y explicó en su discurso que las personas pueden ser zorros o erizos. El zorro sabe muchas cosas, en cambio, el erizo solo sabe una única gran cosa. Conocer poco de muchas materias o mucho de una sola. Ser rápido, fugaz y astuto frente a las amenazas o enroscarse como una bola pétrea para defenderse con sus púas. La innovación o la tenacidad. La libertad o la coherencia.

El filósofo canadiense ha dado clases y dirigido alguna de las más importantes universidades del mundo, su obra académica es de gran impacto, lo que no le ha impedido ofrecer una intensa labor divulgativa e incluso servir a su país en el parlamento. Precisamente, el libro que resumió su carrera política lo tituló *Fuego y cenizas*, porque las trayectorias siempre tienen éxitos y fracasos; la clave es gestionarlos.

La metáfora de los animales que usó Ignatieff no es nueva, se usa desde la Grecia clásica para identificar estilos de liderazgo: los dirigentes «zorro», versátiles y sagaces, frente a los «erizo», fieles a una visión.

En esa dicotomía consumió sus minutos de agradecimiento el viejo profesor para terminar confesando que siempre se había sentido un zorro que quería ser erizo, porque nunca había tenido una única preocupación sino muchas. Y alertó con ello de la peligrosa tentación de dejar de lado las libertades para resolver las preocupaciones. En definitiva, que el fin no justifica los medios. Los éxitos no pueden conseguirse a costa de futuros fracasos. Sus palabras retumbaron en mi cabeza en este momento de la historia de nuestro país con tantos ejemplos de inmoralidad y corruptelas.

Es una verdadera lástima que apenas se hable de personas ejemplares, no porque no existan, sino porque no ponemos el foco en la trayectoria abnegada de tantos directivos y emprendedores. La ausencia de ejemplaridad en el discurso público no la resolverá una solución mágica ni un mesías. Hace falta dar mayor visibilidad y difusión a todos esos talentos que vemos cada año en estos premios, y a los que vendrán si dejamos que el país sea un lugar donde triunfe el mérito y la capacidad.

Poderoso mensaje para los CEO. Saber cuándo ser zorro y cuándo erizo. Encontrar las situaciones en las que aplicar la flexibilidad o bien la constancia del «caiga quien caiga». Cómo gestionar el fulgor del fuego y asumir la miseria de las cenizas. En cualquier caso, los consejeros delegados también han de aportar su granito de arena a difundir esa ejemplaridad de los premiados. En los últimos años, en mis entrevistas con altos directivos, les he preguntado por alguien que les haya ayudado en su carrera o por la figura de un mentor. Todos, sin excepción, respondieron que lo tenían; ninguno dijo que no. También les pregunto si ha habido momentos difíciles entre tanto éxito, y todos coinciden en que detrás de cada triunfo siempre hay algún fracaso.

ARISTÓTELES LO SABÍA

Aristóteles, además de a la filosofía, la física y la astronomía, dedicó parte de su producción científica a la oratoria, en concreto a polemizar con los sofistas por sus teorías de persuasión. Para el genio heleno, los sofistas usaban la palabra para enamorar, tejían una tela de araña con trucos retóricos en la que lo importante era cazar a la audiencia y no perseguir la verdad. A Aristóteles, pero también a Platón, les ocupó investigar a los sofistas que sacralizaban la persuasión, es decir, una inteligencia práctica por encima de la búsqueda de la sabiduría.

Aristóteles resumió en tres los más eficaces trucos mentales para convencer a las audiencias: *ethos* (el comportamiento social), *logos* (los datos lógicos) y *pathos* (los sentimientos). Y es aquí donde aparecen muchas ruedas de prensa de directivos presentando resultados para ayudarnos a entender a Aristóteles.

Juan Roig, presidente de Mercadona, suele comparecer de pie y con cara de satisfacción (*pathos*), sin escatimar esfuerzos en trasladar las cifras económicas de ventas, beneficio y cuota de mercado (*logos*) y finalmente demostrando que es un hombre de la calle que reparte sus beneficios con sus trabajadores (*ethos*).

Mango, en su puesta en escena anual, apuesta por una imagen coral, con su CEO, Toni Ruiz, acompañado por Margarita Salvans y Daniel López, para demostrar la idea de equipo (*ethos*), junto al recuerdo de su fundador (*pathos*) y un sólido despliegue de datos que refuerzan el rigor y la buena gestión (*logos*).

La presidenta del Banco Santander, Ana Botín, defiende con aplomo que jamás dejará de promover el talento femenino (*ethos*) aunque eso le suponga un gran sacrificio personal y no casarse con ninguna ideología (*pathos*) porque los datos e indicadores le demuestran que va por el buen camino (*logos*).

Y Antonio Garamendi, el presidente de todos los empresarios españoles, convertido en un experto sofista manejando las herramientas de la persuasión de la Grecia clásica. Dicho y hecho, en cada comparecencia usa cifras para demostrar cómo se lesiona a los empresarios (*logos*), al mismo tiempo que incluye chascarrillos o expresiones de la calle (*ethos*) y hasta un toque de humor (*pathos*).

Hoy un sofista ya no es un embaucador, sino que está más cerca de un ateniense que usaba la oratoria para llegar a la verdad. Para ser un alumno aventajado de Gorgias, el más conocido de los sofistas, hay que utilizar la calma en sosegadas respuestas (*pathos*), blandir guarismos e indicadores numéricos (*logos*) y conectar con una audiencia que quiere escuchar en su voz los problemas reales (*ethos*). Los CEO han de seguir a pies juntillas uno de los pronunciamientos del maestro clásico: «El discurso es un amo poderoso».

A diferencia de Aristóteles, a otro genio de la época como Sócrates lo acusaron de prácticas sofistas, por lo que fue juzgado. Justo antes de ser sentenciado señaló que, de quedar libre tras el juicio, seguiría haciendo lo que había hecho hasta entonces, sabiendo que sería condenado de nuevo y, por ello, ejecutado. Sócrates finalmente se suicidó con cicuta, precisamente por defender su verdad antes que aceptar los atajos que poderosos amigos le ofrecían. No hay quizás convicción más absoluta, más irreversible que esta. Sin llegar a esos extremos, la comunicación, una vez más, aparece como la palanca clave ante cualquier situación de crisis. Y manejar resortes de persuasión se antoja imprescindible para cualquier CEO.

UN RINOCERONTE GRIS

No hay nada que nos guste más a los economistas que descubrir una expresión omnicomprensiva. Como si fuese el santo grial, la buscamos obsesivamente y, cuando la encontramos, no deja de usarse en la vida. La «mano invisible» de Adam Smith, la «destrucción creativa» de Joseph Alois Schumpeter, los «clústeres de empresas» de Michael Porter o «la cultura se come como desayuno a la estrategia» de Peter Drucker son algunas perlas de este tipo. En pocas palabras, se expresa mucho; en una memorable frase quedan concentrados años de investigaciones, por eso jamás nos cansamos de utilizarlas en clases, artículos y conversaciones.

El CEO de Starbucks fue cesado fulminantemente tras apenas unos meses en el cargo por la caída de las ventas, y lo mismo le pasó al primer ejecutivo de Intel. El consejero delegado de Disney fue despedido tras enfrentarse al gobernador de Florida. El CEO de Twitter duró lo que tardó en tomar posesión Elon Musk como nuevo accionista tras oponerse a su entrada. Por si fuera poco, en China, el ministro de asuntos exteriores ha sido apartado por una relación amorosa «inapropiada», al igual que los primeros ejecutivos de McDonald's, Ford, Ogilvy, BP y Lazard fueron destituidos al saltarse los códigos éticos por esa misma razón. Hasta los fiables alemanes de Volkswagen buscaron, con algún desaparecido CEO, atajos con aquel dispositivo que falseaba emisiones.

Antes de que algún lector piense que el concepto omnicomprensivo que define tanta torpeza es «sujétame el cubata», he revisado la literatura del ramo para no alimentar yo mismo este chapoteo. La buena noticia es que he encontrado un concepto que permite explicar todos estos resbalones sin consumir ríos de tinta o, peor aún, agotar los calificativos *ad hominem*. El rinoceronte gris. La analista Michele Wucker lo explica como antagónico al cisne negro acuñado por Nassim Taleb, esos sucesos como la covid-19 que nadie pudo prever. En cambio, un rinoceronte gris es un fenómeno que sí es altamente probable porque ya ha sucedido en el pasado, pero cuyo riesgo, por alguna razón difícil de explicar, es ignorado. Cualquier manual de zoología explica que un rinoceronte gris es un fiero espécimen que vive en el Congo y, con permiso del elefante, el mamífero terrestre más pesado de la Tierra. Se conoce su peligrosidad, pero, a pesar de ello, todos los años pierden la vida algunos turistas que subestiman el riesgo de acercarse al bicho únicamente para conseguir una fotografía y así presumir de safari.

Frente a cisnes negros como los atentados de las Torres Gemelas, el rinoceronte gris es un fenómeno altamente probable porque ya ha sucedido en el pasado. Es sabido que decir exabruptos en política genera odios africanos o que incumplir los códigos éticos en la empresa acaba con las carreras más exitosas. También la historia nos ha enseñado que los nacionalismos exacerbados provocan tragedias, que el odio al diferente es la antesala de la violencia y que los atajos no te hacen llegar antes, sino embarrar. Aun así, se sigue minusvalorando el peligro y es demasiado habitual que personajes con altas responsabilidades institucionales jueguen con fuego en sus intervenciones públicas.

Pero que nadie se equivoque y piense que lo mejor es ponerse un esparadrapo en la boca y estarse calladito. El desafío más difícil para muchos CEO es cuándo involucrarse en cuestiones públicas y cuándo no opinar. Y es que ya no es posible pasar de puntillas. Si eres un líder empresarial, estás obligado a comprometerte, porque quien no defienda las causas sociales corre el peligro de que la gente (empleados, clientes o proveedores) piense que no le importan.

Hoy la sociedad no perdona. Y tan nefasto es hablar más de la cuenta como no posicionarse ante las inmoralidades. Todos sabemos que «no existe una segunda oportunidad para causar una primera impresión» y en estos tiempos cuesta muy poco generar una crisis de reputación, pero muchísimo que se olvide ese incidente. Dejó escrito nuestro Premio Nobel Ramón y Cajal que «las ideas duran poco, hay que hacer algo con ellas». Exactamente igual pasa con la reputación de las instituciones, dura muy poco el prestigio de una empresa si se actúa con imprudencia o desalineado con la sociedad a la que se sirve.

Termino esperando que al lector nunca le pase como a ese turista muy ufano, montado en una potente camioneta, empeñado en inmortalizar con su cámara al rinoceronte gris. Porque, cuando la bestia se pone a correr, ya no hay protección ni punta de velocidad de coche que aguante la embestida de su cuerno y solo queda lamentarse de la imprudencia o rezar para salir vivo. Ojalá tantos representantes de la cosa pública, pero también de la empresa, antes de ponerse delante de un micrófono o buscar soluciones rápidas a problemas complejos, tuvieran muy presente este concepto del rinoceronte gris o, por lo menos, la imagen de la cara de pánico del imprudente turista.

EPÍLOGO.
PERTRECHADOS

Ahora que las guerras han vuelto a nuestra vida, y por lo que parece también a nuestro trabajo, es conveniente recordar el vocabulario bélico. Los pertrechos son el armamento y otros instrumentos militares de los ejércitos. El origen de la palabra se pierde en el tiempo, pero lo que ha ido cambiando es su uso en la lengua. En la Edad Media, los pertrechos eran las máquinas de asedio a los castillos, como las catapultas, por no hablar de esos vestidos de malla de hierro. Con la llegada de la pólvora, pasó a referirse a la munición y las armas de fuego. Hoy en día, el término es sinónimo de logística militar y abarca todo lo que un ejército necesita para operar, desde chalecos, cascos, visores nocturnos y herramientas electrónicas a alimentos, agua o tiendas de campaña.

Y, como muchas palabras de nuestro idioma, el vocablo evolucionó para acabar siendo sinónimo de utensilios imprescindibles; de hecho, se habla de los pertrechos de pesca o de viaje para hablar de una caña, el cebo o bien un neceser o un cepillo. Y aún hay más.

Ante la sucesión de crisis y conflictos que nos está tocando vivir, no va a haber más remedio que tener que pertrecharse todos y cada uno. Abastecerse de las herramientas necesarias para hacer frente a tanto estruendo.

Y no me refiero a tener un chaleco antibalas o una metralleta en casa, tampoco a comprar por internet un dron para defender nuestro salón de un misil, sino a algo más mundano. Las guerras, sean en Ucrania o en Irán, atacan nuestro bolsillo. Sus consecuencias no son tan inmediatas y ruidosas como un bombardeo urbano, pero a medio plazo pueden ser devastadoras, por silenciosas y punitivas. La subida de precios causada por la interrupción del comercio internacional es sigilosa y se traslada a nuestra economía familiar con una cesta de la compra encarecida. La reducción de la oferta global de petróleo, siguiendo las leyes de mercado, causa alzas de los combustibles sólidos que permiten el funcionamiento de la economía y nuestra movilidad. Por eso, ante el auge de los costes, las empresas no tienen otro remedio que reducir gastos, trasladando ese ajuste al flujo económico, causando pérdidas en sus proveedores y, a medio plazo, despidos en todas esas compañías.

Los pertrechos para un país ya sabemos que suponen dotarse de un ejército que dé protección, pero esos utensilios de guerra para una familia normal serán otros. Por ejemplo, dejar para más adelante ese viaje o un capricho que te ibas a dar, y así ahorrar ante lo que venga. Cuidar más que nunca tu puesto de trabajo ante previsibles ajustes de empleo. Estudiar para estar preparado ante eventuales crisis en tu sector, o incluso país, que te hagan moverte a otros desempeños o geografías.

Y los CEO, o los que aspiran a serlo, también. Tendrán que pertrecharse con cinco herramientas que he intentado explicar en este libro, al igual que esos caballeros de la Edad Media.

Primero, una armadura para lo que viene. Esa coraza será el liderazgo audaz. Parece un contrasentido, pero la valentía es lo que protegerá a los CEO. Sin esa osadía, los directivos estarán a la intemperie de lo que venga. La audacia es lo único que impedirá que el cambio constante arrase con la empresa y, de paso, con su carrera. O las acciones de los CEO van acompasadas a la velocidad y épica del momento, o caerán a las primeras de cambio, como estamos viendo con las dimisiones tan habituales de primeros ejecutivos.

El yelmo que nunca podrá faltar en esta temporada será el esfuerzo. Este segundo pertrecho para el CEO supone no rendirse ante la adversidad, gestionar los momentos de la verdad con oficio y resiliencia, desaprender y volver a aprender a pesar de la edad o la experiencia. Entender que lo contrario de lo frágil no es lo robusto, sino que, como recuerda Taleb, habrá que esforzarse en ser «antifrágiles»; es decir, tener la capacidad de crecer con la adversidad.

En tercer lugar, el caballo que llevará lejos al consejero delegado será la humildad. Subirse a lomos de este tipo de ego, humilde y sencillo, permitirá avanzar mucho más rápido que un soberbio equino, que inevitablemente se desbocará y acabará con el CEO por los suelos. Aceptar las propias limitaciones, así como dejarse aconsejar, no supone considerarse inferior ni mucho menos renunciar a los éxitos. Es una actitud para ser todoterreno y moverte en estos tiempos.

La espada para defenderse será la racionalidad y es el cuarto pertrecho. Los datos, la ciencia, la matemática, los logaritmos o la heurística son las armas del momento. La sacrosanta intuición de los CEO es cosa del pasado. Los directivos ya no tienen experiencias acumuladas para que funcione, como antaño, el instinto. Pretender afrontar este futuro tan incierto con la única arma de las corazonadas o los pálpitos del curtido CEO de hace unas décadas será ridículo. La tecnología lo ha impregnado todo de tal complejidad que para encararla hay que estudiar su idioma.

El quinto y último pertrecho del nuevo CEO son esos estribos para subir con facilidad a donde quieras. La comunicación es la palanca para volar. Pasó a la historia la obsesiva discreción del consejero delegado que en realidad escondía la incapacidad para usar los códigos del momento actual. Tener una huella solvente en redes sociales, convertirse en un activista de tus creencias y de tu compañía, entrenar las presentaciones como una prueba olímpica o estudiar la actualidad política y económica como si fuesen unas oposiciones serán claves en la era de la hiperconectividad.

Y no solo eso. Todos, seamos CEO o no, hemos de pertrecharnos con valores que nos protejan de lo que siempre acompaña a la guerra: odio, sectarismo y más violencia. La única manera de protegernos y no contagiarnos del aullido, el señalamiento o la pancarta es la tolerancia, el diálogo y la mente fría. Sin renunciar a tus principios, pero sin caer en la trampa de acabar considerando como enemigo al que no piensa como tú. Pertrechados en la convivencia y en el imperio de la ley para no caer en una trinchera de la que no se sale bien jamás, en la guerra o en tu futuro despacho de CEO.

En Madrid, a 31 de marzo de 2026.

«Cualquiera que sea tu sueño, comiénzalo.
La audacia tiene genio, poder y magia»

Goethe